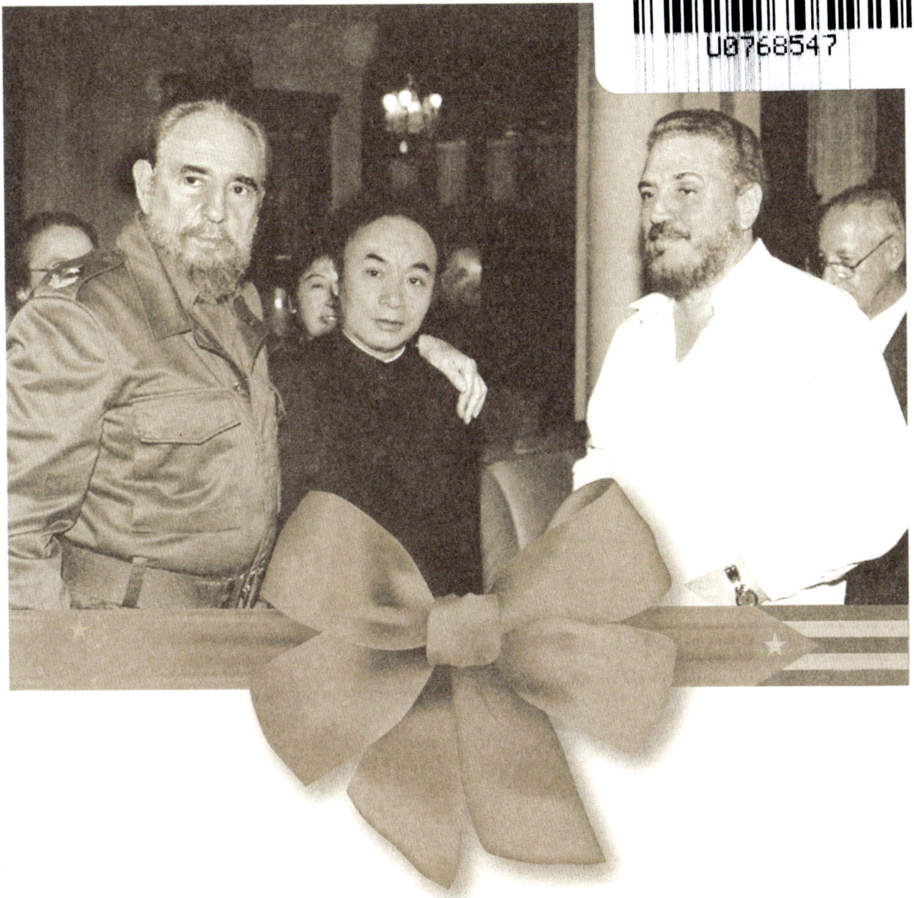

中国和古巴的故事

主　编　双　余
副主编　朱婉君　白水君

五洲传播出版社

图书在版编目（CIP）数据

中国和古巴的故事 / 双余主编. -- 北京：五洲传播出版社，2024.11
（我们和你们）
ISBN 978-7-5085-4676-6

I. ①中… Ⅱ. ①双… Ⅲ. ①中外关系－友好往来－古巴 Ⅳ. ① D822.275.1

中国版本图书馆 CIP 数据核字 (2021) 第 093561 号

中国和古巴的故事

主　　编：	双　余
副 主 编：	朱婉君　白水君
译　　者：	朱婉君
出 版 人：	关　宏
责任编辑：	宋博雅
助理编辑：	马大乔　李逸群
装帧设计：	正视文化
出版发行：	五洲传播出版社
地　　址：	北京市海淀区北三环中路 31 号生产力大楼 B 座 6 层
邮　　编：	100088
发行电话：	010-82005927，010-82007837
网　　址：	www.cicc.org.cn　www.thatsbooks.com
承　　印：	北京圣彩虹科技有限公司
版　　次：	2024 年 11 月第 1 版第 1 次印刷
开　　本：	787 mm×1092 mm　1/16
印　　张：	11
字　　数：	151 千字
定　　价：	58.00 元

历史见证中古友谊

中国和古巴，一大一小，人口数量差异巨大，相隔千山万水，但两国人民相互理解，彼此尊重，互相支持，友谊源远流长，历久弥新，成了"好朋友、好同志、好兄弟"，堪称国家间相互关系的典范。

1960年，刚刚取得武装革命胜利、建立新型政权未几的古巴政府，在百废待兴之时，其总理菲德尔·卡斯特罗在百万民众面前，大声询问："革命的古巴是否应该与中华人民共和国建立外交关系？"立即得到响彻云霄的一致响应："应该，应该！"从而开启了两国关系的新纪元。经过谈判，两国政府决定从当年的9月28日起建交，古巴成为西半球第一个与新中国建立外交关系的国家，中国的外交正式踏进了人类居住的另一半星球。

在近代史上，中国与古巴的往来始于近两百年前。一批为了谋生的中国人，以"苦力"的身份抵达古巴，在古巴的甘蔗田里出卖劳力。久而久之，此类人群集聚至数十万，为古巴的传统耕作增添了力量，为古巴的发展作出了无可替代的贡献。此外，这些来自远方的侨民，勇敢地参加了古巴的独立进程，组成"营"建制的武装力量，与古巴人民一道，英勇顽强、前赴后继地战斗，得到争取独立斗争领导人"没有一个古巴华人是逃兵,没有一个古巴华人是叛徒"的赞誉。另一方面,那些远涉重洋、移居古巴的中国人,还带去了中国的文化、文明、习俗,对这个加勒比国家产生着潜移默化的影响,形成古巴现今文明的三大来源之一(另两个来源分别是欧洲和非洲),为中国和古巴的友谊奠定下了坚实、重要、浑厚的基础。

两国建立外交关系以后,在双方历代领导人的亲切关怀和直接推动下,友谊愈益深厚,理解逐渐加深,互通有无,守望相助,在共同选择的道路上相帮相扶,越走越近,使得双边关系进入了历史的最好时期。

本书收录了一些见证中古友谊的文章、记录,从不同的方面和角度反映了两国的关系史,可以帮助读者了解中古友谊,领悟友谊的重要意义,增添发展友谊的信心,并立志为友谊的进一步深化贡献各自的力量和才智。

徐贻聪
中国前驻古巴大使
中国国际问题研究基金会研究员

中国和古巴的故事

很荣幸为《中国和古巴的故事》一书作序。亲爱的徐贻聪大使坚持予我这一殊荣。本书是徐大使主编的力作,由著名的五洲传播出版社出版。

恰如中国古诗有云,"海内存知己";也如古巴著名创作歌手西尔维奥·罗德里格斯的经典歌曲所唱,"爱创造奇迹"。

这本书定将在古巴和中国读者中广为流传,两国现在几代乃至未来世代人民都将对它的创作深怀感激。它立足于史实,行文生动自然,通过一份份充分展现中古两国相亲相爱、相知相敬的史料,为留存历史记忆作出贡献。

这本书里还凝聚着亲历者们的不朽记忆,其中一部分是首次公开。这些中古两国的老友和挚友曾与菲德尔·卡斯特罗、劳尔·卡斯特罗和切·格瓦拉等老一辈领袖一同参与两国历史上具有重大意义的时刻,他们是两国关系发展的见证者和先驱。古中之间是同为社会主义国家的小国和大国之间的友谊,也是一个拉美国家和唯一的不可分割的中国之间的友谊。所有人都没有例外地坚信,这种亲密友谊永不消退。本书的诞生正印证着这一点。

在这本书中，读者能够走近各类人物和古巴有关的鲜活经历，包括外交官、记者、学者、留学生等，这些人深知古巴这一小国的品格：她取得了古巴革命的伟大胜利，终于在1959年实现独立；她为其民族构成中的华人移民而深感自豪，正是他们为古巴的独立和解放战争作出了重大贡献；她在距美国海岸仅90海里的地方，成了美国霸权面临的最坚不可摧、坚强不屈、旷日持久的挑战之一；她在古巴共产党领导下坚持社会主义建设，与美国历届政府实施的经济、商贸和金融封锁顽抗到底，这一人类历史上历时最久的封锁正遭到国际社会绝大多数国家的抵制。

这本新书中收集的史料提醒着我们，中国和古巴之间发展起来的关系并非偶然，也不是短期的权宜之计。这两个社会主义国家间的友谊有着深厚的历史渊源和特殊的联系纽带，从老一辈领导人到新一代领导人都亲自关注并高度重视，两国人民也相互认同、互亲互爱。

再次感谢所有为这本重磅好书的出版而作出贡献的朋友们。本书不仅为数代人留下宝贵财富，也体现着古巴和中国间的长期特殊友好关系充分成熟、政治互信的特点。

白诗德
古巴共和国驻中华人民共和国大使

目录

◎ 前言 / 历史见证中古友谊 | 003
◎ 前言 / 中国和古巴的故事 | 005

记忆篇

◎ 沈允熬：六十年前，我随首任驻古巴大使申健赴哈瓦那履新 | 010
◎ 沈允熬：回眸六十年前美国雇佣军入侵古巴 | 018
◎ 徐贻聪：卡斯特罗兄弟的中国知己 | 028
◎ 汤铭新："拉美雄鹰"格瓦拉的光辉人生 | 039
◎ 刘玉琴：劳尔·卡斯特罗与《东方红》| 049
◎ 刘玉琴：我在卡斯特罗家下厨房 | 052
◎ 庞炳庵、谢文雄：我所经历的中古建交 | 057

人文篇

◎ 孙光英：寻访卡斯特罗的革命足迹 | 070
◎ 徐世澄：我和古巴的情缘 | 080
◎ 王治权：古巴，古巴！| 084
◎ 寇顺超：追寻老卡的足迹 | 096
◎ 霍曜飞：古巴就是大写的艺术 | 104
◎ 弗洛拉·邝：与时间携手并进 | 125

交流篇

◎ 习近平复信古巴科学家裴德乐 | 132
◎ 何塞·路易斯·罗瓦伊纳：我的中国情缘 | 133
◎ 李艾：亲历哈瓦那大学汉语教学 | 142
◎ 约尔贝丽斯·罗塞尔：我在孔院当院长 | 149
◎ 劳尔·门查卡：爷爷口中的中国 | 155
◎ 特蕾莎·玛丽亚·李·塞西略：我与哈瓦那中国城 | 160
◎ 玛丽亚·特雷莎·蒙特斯·德奥卡·蔡：我的中国和古巴 | 165
◎ 卡桑德拉·西西利亚·蒙蒂亚努·法哈多：学中医，也学做人 | 172

◎ 后记 | 175

记忆篇

> 沈允熬：六十年前，我随首任驻古巴大使申健赴哈瓦那履新
> 沈允熬：回眸六十年前美国雇佣军入侵古巴
> 徐贻聪：卡斯特罗兄弟的中国知己
> 汤铭新："拉美雄鹰"格瓦拉的光辉人生
> 刘玉琴：劳尔·卡斯特罗与《东方红》
> 刘玉琴：我在卡斯特罗家下厨房
> 庞炳庵、谢文雄：我所经历的中古建交

六十年前,我随首任驻古巴大使申健赴哈瓦那履新

沈允熬(中国前驻古巴大使馆翻译、随员,前驻阿根廷、巴西、墨西哥大使)

第一个与新中国建交的拉美国家

60多年前,古巴人民在菲德尔·卡斯特罗的领导下,经过长期艰苦卓绝的斗争,于1959年1月1日推翻了亲美的巴蒂斯塔反动独裁统治,取得了古巴革命的胜利。

中国人民对古巴革命的胜利感到欢欣鼓舞,并以各种方式旗帜鲜明地支持古巴人民的正义斗争。经古巴革命政府同意,新华社记者从1959年4月起常驻古巴。

1960年8月28日,在美国的操纵下,第七次美洲国家外长会议通过了一项攻击古巴革命、干涉古巴内政的《圣约瑟宣言》,激起了古巴人民的极大愤慨。

9月2日,哈瓦那举行有百万人参加的古巴人民全国大会,菲德尔·卡斯特罗在会上发表长篇讲话,强烈谴责美国对拉美各国的长期压迫剥削和对古巴革命的干涉破坏,表达了古巴人民誓死捍卫民族独立和国家主权、坚持本国革命事业的坚强决心,同时感谢苏联和中国对古巴的无私援助,驳斥《圣约瑟宣言》对苏联和中国的诬蔑。

1964年初,申健大使(右二)离任前摄于哈瓦那中国大使官邸门口。右一为大使司机林祥谦,右三为使馆司机老邹,右四为作者沈允熬。

他高声地询问与会者:"古巴革命政府愿提请古巴人民考虑,是否同意同中华人民共和国建立外交关系?"会场上百万人举起双手,大声回答:"同意!同意!"

这时卡斯特罗宣布:"中国代表已经在这里了!"他走到坐在前排的曾涛身边,拉着他的手高高举起,大声宣布:"从现在起,断绝同蒋介石傀儡政权的外交关系。"广场上顿时掌声雷动,同声高呼:"中国!中国!"大会通过了著名的《哈瓦那宣言》。

9月8日,中方指派曾涛为中国政府代表,与古巴政府商谈两国建交问题,很快达成协议。1960年9月28日,双方同时发表经两国政府批准的建交公报。古巴成为第一个与新中国建交的拉美国家。

在中古建交之前，笔者曾于1960年7月去过一次古巴。那时笔者还在外交学院学习，临时被借调到共青团中央当翻译，陪同团中央书记处书记张超访问古巴，并应邀出席了在哈瓦那举行的第一届拉美青年代表大会和在圣地亚哥市举行的纪念"七二六运动"成立七周年盛大庆祝活动。

访古期间，我亲身感受到古巴人民火热的革命热情和他们对中国人民的深厚情谊。那时我们就感到古巴将会与我国建交，但没有想到这一天会来得这么快，更未想到五个月后自己会被派到哈瓦那中国大使馆工作。

去建立新中国西半球第一个大使馆

中古建交是新中国对外关系史上的一件大事。因为中华人民共和国成立后前十年，没有一个拉美国家与我国建交。古巴不仅在拉美，而且在整个西半球，是第一个同新中国建交的国家。我国政府高度重视对古巴的工作，很快就任命时任外交部美澳司司长申健为我国首任驻古巴大使。

新中国成立初期，申健曾被派到第一个与新中国建交的亚非国家印度任临时代办，拥有在不同社会制度国家建馆的经验，后又任外交部美澳司司长四年，负责美洲事务。中央选派申健为我国首任驻古巴大使，是对他的高度信任和重托。行前，周恩来总理和陈毅副总理等都曾单独接见，面授机宜。

在外交部内，设立了去古巴建馆的办公室，日常工作由黄文友参赞主持，并由他作为大使馆临时代办率先遣组先期去哈瓦那，进行物色馆址等筹备工作。

根据工作需要，大使馆也须配备四五名西班牙语翻译。当时部里会讲西班牙语的干部屈指可数。我刚从外交学院毕业分配到外交部美澳司不久，也被选中。

接到上级通知，决定派我去中国驻古巴大使馆常驻后，我一面做出国前的准备，一面到建馆办公室协助工作。

拉美历来被美国视为"后院"。尤其是古巴，距离美国佛罗里达半岛南端仅 90 海里。美国的战斗机 15 分钟就能抵达。古巴的政治和经济命脉原先长期在美国的掌控之下。

但就在美国的眼皮子底下，竟然发生了一场深刻的反帝民族民主革命，不仅推翻了美国庇护下的独裁政权，而且先后采取了土地改革、将美国公司收归国有等措施。这是美国绝不能容忍的。

美国也担心古巴革命的榜样会在拉美其他国家产生蝴蝶效应，因而不惜使用各种手段力图扼杀新生的古巴革命政权。当时潜伏在古巴国内的反革命势力颠覆破坏活动猖獗，哈瓦那不时能听到枪声和爆炸声。

鉴于当时古巴所面临的内外形势，我国派往古巴的人员将会遭遇什么样的情况很难预料，他们应该做好经受严峻考验的准备。

随首任驻古巴大使申健赴哈瓦那履新

1960 年 12 月中旬，申健大使夫妇加上作为翻译的我等一行，顾不上在京过新年和春节，启程赴古巴履新。

当时从北京去古巴很不容易，可选择的航线很少，而且航班的续航能力也差，途中须经停多地并转机多次。从北京出发，先到伊尔库斯克停了一夜，接着又先后经停莫斯科、布拉格和瑞士的苏黎世。在上述三地，我们都还能休息一两天，倒倒时差。

12月23日，从苏黎世登上荷兰航空公司当年最先进的星座式四引擎螺旋桨客机后，沿途就只作技术性停留，加油、换机组，一两个小时后接着飞。

飞越大西洋前，经停葡萄牙首都里斯本和亚速尔群岛中的葡属圣塔玛利亚；越洋后则经停加勒比海的荷属库拉索岛、阿鲁巴岛和英属牙买加首府金斯敦，才终于飞向我们此行的目的地——哈瓦那。

拉丁美洲是距离中国最远的地方。我们离开瑞士之后，经过20多个小时的飞飞停停，登机、下机，加上时差（北京与加勒比地区时差12小时，昼夜与我们正好颠倒）和季节差（离开隆冬的北京时穿着呢子大衣，到加勒比地区只需短袖衬衣）的困扰，难得安然入睡，大家都感到不胜疲惫。

正当我们望眼欲穿地盼着快些抵达目的地时，哈瓦那上空刚好有一场热带暴风雨，只见乌云密布，风雨大作，雷电交加。飞机在黑云中上下盘旋，颠簸剧烈，围着哈瓦那兜了几圈，却一直难以下降。

时光在一分一秒地流逝，剩下不多的汽油在不断消耗，飞机已不能再这样盘旋徘徊。机组与地面商量后终于作出决断，完全听从地面雷达的指挥，实行盲降。幸亏那位驾驶员的技术较好，飞机在盲降中安全着陆哈瓦那国际机场。一场虚惊过后，我们才松了一口气，庆幸避免一劫。

格瓦拉亲临机场迎接申健大使

这是发生在机舱里的情况。在下面机场,除了先期抵达的大使馆临时代办黄文友参赞、哈瓦那新华分社社长曾涛等中方人员外,还有一个人也焦急不安。他就是赫赫有名的格瓦拉少校。

切·格瓦拉。

他与土改委员会主任希门尼斯上尉及古巴外交部礼宾司官员到机场是来迎接申健大使的。格瓦拉少校刚率古巴政府经济代表团访问过我国,已与申健大使在中国相识。

按外交礼仪,一位外国新任使节抵达驻在国首都时,通常是由驻在国外交部礼宾司负责官员去机场迎接。格瓦拉亲自到机场迎接中国大使,显然是破格的做法,显示了他对中国革命、中国人民和中国政府发自内心的尊重与深情。

格瓦拉一身戎装,冒雨伫立在舷梯旁。申大使走下舷梯,与格瓦拉紧紧拥抱在一起。

1961年4月中旬，雇佣军入侵古巴前夕，格瓦拉、劳尔·卡斯特罗等古方领导人出席申健大使为中国经济建设成就展览会开幕举行的招待会。格瓦拉与劳尔的中间为中国贸促会会长南汉宸。右二、右一为申健大使夫妇。

第一面在西半球高高飘扬的五星红旗

1960年12月28日，申健大使向多尔蒂科斯总统递交国书。

申健大使首先转达刘少奇主席对总统的问候，特别提到古巴政府在哈瓦那举行的百万人参加的全国大会上宣布与我国建交，"这是英雄的、史无前例的行动，中国人民对此深表感谢"。

多尔蒂科斯总统感谢我国领导人的问候，并表示"与中国建交是古巴人民由来已久的愿望，革命政府完成了这一愿望。对古巴来说，同真正的中国人民的政府建立外交关系是一件令人激动的事"。

我在大使馆办公室工作期间，有一项重要任务是在招待员祝长荣同志（转业军人）协助下，负责每天在大使馆正门前升降国旗。

由于我们使馆是当时我国在西半球建立的唯一大使馆，那面在中国驻古巴大使馆旗杆上升起的国旗，是当年在西半球高高迎风飘扬的第一面五星红旗。

1964年10月1日,卡斯特罗总理和格瓦拉等出席中国大使的招待会,背影为中国青年艺术剧院院长吴雪。右一为文化参赞汪普庆。左一为作者沈允熬。

　　1961年1月,亦即在申健大使向古巴总统递交国书后的几天,美国悍然断绝与古巴的外交关系。古巴面临的外敌入侵威胁日益严重。

　　三个多月后,美国倾力武装和培训的大批雇佣军在美国飞机和军舰掩护下,于4月17日在古巴吉隆滩登陆。

　　在雇佣军入侵前夕,卡斯特罗在悼念敌机轰炸中牺牲的烈士们的演说中首次宣布:古巴革命是"一场属于穷苦人,由穷苦人进行,也是为了穷苦人的社会主义民主革命"。

　　次日获悉雇佣军大举登陆后,古巴军民同仇敌忾,奋起反击,经过72小时激战,全歼入侵雇佣军。10天后,卡斯特罗在当年5月1日的群众集会上宣布古巴是社会主义国家。古巴革命从此进入了一个新的阶段。

回眸六十年前美国雇佣军入侵古巴

沈允熬（中国前驻古巴大使馆翻译、随员，前驻阿根廷、巴西、墨西哥大使）

1961年4月17日，美国大力武装、训练和护送的雇佣军悍然大举入侵古巴，震惊世界。因美国雇佣军的登陆地点选择在古巴中南部猪湾的吉隆滩，史称"猪湾入侵"或"吉隆滩战役"。2021年是美国雇佣军入侵古巴60周年。60年前"猪湾入侵"发生时，笔者在中国驻古巴大使馆工作。回眸那段令人荡气回肠的往事，至今仍记忆犹新。

山雨欲来风满楼

古巴革命的胜利和巩固、发展，被美国视作卧榻之旁的心腹大患。早在1960年3月，艾森豪威尔政府批准了中央情报局与参谋长联席会议联合制定的代号为"普路托神"的行动计划，旨在推翻古巴革命政府。其内容包括建立专门针对古巴革命政府的电台和散发大量传单进行心理战，支持古巴国内的反革命分子，为他们提供武器弹药和通讯器具，或在山区进行反政府游击战，或在哈瓦那等地搞爆炸、纵火，制造混乱。来自美国的匿名飞机不时在夜间偷偷溜进古巴领空，投放烧夷弹，焚烧甘蔗田。中央情报局还多次通过物色刺客暗杀、投毒、偷放定时炸弹等下三滥手段试图直接谋害卡斯特罗。

面对美国的各种打压和破坏颠覆活动，古巴革命政府毫不示弱，针锋相对地采取反制措施来回击美方，并以此动员和组织群众，激发民众保卫革命的热情和决心。

1961年1月3日，艾森豪威尔政府断绝与古巴的外交关系，美古之间的紧张关系进一步升级。美国把古巴革命政府视作眼中钉、肉中刺，必欲除之而后快，这是多方的共识，且已频频出现一些不祥的征兆。只是当时人们尚不清楚，美国会在什么时候动手，以什么方式动手。

4月13日，暗藏的反革命分子用美制定时燃烧弹烧毁了哈瓦那最大、最漂亮的埃尔恩坎托百货公司，目的是增加古巴供应困难，扰乱人心。4月15日拂晓，8架美制B-26型轰炸机，分成三批同时轰炸了哈瓦那、圣地亚哥等三地空军机场，目的是摧毁古巴空军力量，为雇佣军顺利登陆铺平道路。这8架美制轰炸机狡诈地涂改标志，伪装成古巴空军的飞机，企图将空袭归因于古巴空军内部叛乱。部分古巴空军飞机在那次空袭中被美机击中起火，7名古巴人牺牲，53人受伤。

空袭发生后，古巴代理外长奥里瓦雷斯召见外国驻哈瓦那外交使团，通报美机对古巴空袭情况，并在通报会大厅展示了在空袭地点收集的带有"美国制造"字样的炸弹与火箭残片。

4月16日，古巴10万名悲愤交加的群众为空袭中牺牲的烈士们举行隆重葬礼。卡斯特罗总理在愤怒谴责美机偷袭的讲话中，指出那次空袭是美国准备发动的对古巴大规模侵略的前奏，"雇佣军的侵略迫在眉睫"。他命令起义军和全国民兵进入戒备状态。面对美国新的侵略行径，卡斯特罗在那天演说中首次明确宣布古巴革命是"一场属于穷苦人，由穷苦人进行，也是为了穷苦人的社会主义民主革命"。在场的群众兴奋地发出雷鸣般的欢呼声，高呼"社会主义革命万岁"等口号达十分钟之久。

由中情局主导的雇佣军入侵来势凶猛

为颠覆古巴革命政府，美国从1960年6月起就陆续在本土佛罗里达州和尼加拉瓜、危地马拉等国招募、组建和训练雇佣军。这批雇佣军的代号为2506突击旅，负责人为美国海军陆战队上校杰克·霍金斯，化名法兰克。训练内容起初以进行游击战为主，从1960年11月起改为练习进行两栖登陆战。

美国决定动用这支力量来推翻古巴革命政府。据美国媒体在"猪湾入侵"失败后披露，1961年4月14日，新上任不久的肯尼迪总统在五角大楼和中央情报局联席会议上，批准该入侵古巴的计划。美国的如意算盘是，首先轰炸古巴主要机场，摧毁古巴空军，掌握制空权；接着在飞机、军舰和伞兵配合下，实施雇佣军登陆；登陆成功后，迅速在滩头附近巩固阵地并修建临时机场，以便流亡在美国的古巴反革命分子头目尽快飞到那里，宣布已将原设在美国的"古巴流亡政府"迁移到古巴，并立即向美国求援；随后美方就可"名正言顺"地立即"应邀"出兵进行直接干涉。该计划由中情局一手主导策划和实施，环环相扣，志在必得。

为掩人耳目，美方让雇佣军从美国设在危地马拉的军事基地出发。1961年4月17日凌晨2时，1500余名美国雇佣军，在8架C-54运输机、14架B-26B轰炸机、2艘驱逐舰、1艘潜水艇的支持和掩护下，分乘5条运输舰、3条登陆驳船、4条快艇，悄悄地在古巴拉斯维亚斯省南部猪湾吉隆滩和长滩两地登陆。身穿迷彩服的雇佣军组成四个步兵营：一个摩托化营、一个重炮营、一个坦克连和一个迫击炮连。他们配备着美制薛尔曼重型坦克、迫击炮、反坦克炮、火箭炮、轻重机枪、手提火箭筒和火焰喷射器等大批新式武器和无线电通信设备。同日早晨6时，雇佣军一个空降营伞兵在猪湾以北的布埃纳文图拉附近公路降落，其任务是与登陆的雇佣军协同作战，从南、北两面夹击古巴守军。

与此同时，为配合雇佣军登陆，雇佣军的飞机一次次凶残地对附近古军进行扫射和轰炸。驾驶雇佣军飞机的，表面上都是流亡在美国的古巴反革命分子，实际上中情局也选派了8名美国国民警卫队的飞行员和机组人员助战，其中4人在入侵过程中丧生。这些美国军人身穿平民服装，携带伪造的身份证件，身份严格保密，连他们的家人也不知情。中情局特别指示雇佣军头目注意保护这些美国军人，"绝不能让他们落入敌手"。直到数十年后中情局有关档案解密时，他们的真实姓名及其美国国民警卫队少校、上尉等身份才被曝光。

古巴军民同仇敌忾，奋起抵御雇佣军入侵

对新生的古巴革命政府来说，这是一次生死存亡的严峻考验。一直对美国保持高度警惕的古巴领导人立即组织古巴军民进行抵抗和反击。同时发表《致美洲和世界人民呼吁书》，宣布美国"雇佣军和冒险分子已在古巴某地登陆。具有革命精神的古巴人民正在英勇地打击他们，并确信一定会把他们粉碎。尽管如此，我们呼吁美洲和世界各国人民的支援"。

最先发现雇佣军登陆的是守卫在长滩的5位民兵。他们一面在滩头阻击，一面通过报话机向上司报告。由于寡不敌众，这5位民兵在阻击中全部英勇牺牲。他们给上司的最后一份报告只有三句悲壮的话："我们遭到攻击。我们将拼死战斗。誓死保卫祖国！"

猪湾地区是一片沼泽地，人烟稀少，在那里登陆不易被发现，当地的防御力量相对薄弱，且只有三条路堤与周边陆地相连，较易阻挡古巴援军进入。这个登陆地点是美国事先派潜艇勘察后选定的。雇佣军主力登陆后占领了长滩和吉隆滩，并继续向北推进。他们中很多人是原巴蒂

卡斯特罗总理在第一时间亲临离雇佣军登陆地点不远处，在那里设立前线临时指挥部直接指挥作战。

斯塔独裁政府的军官、官员、大庄园主或其子弟亲属，他们对古巴革命政权怀有深仇大恨。这些"还乡团"登陆后在挺进中屠杀无辜百姓，侮辱妇女，焚烧房屋，还用刺刀捅死了当地四位坚贞不屈的妇女和一个男孩，因为他们拒绝为雇佣军烧饭带路。

为了保卫革命的胜利果实，古巴军民同仇敌忾，士气高昂。卡斯特罗在第一时间亲临离雇佣军登陆地点不远的"澳大利亚"糖厂，在那里设立前线临时指挥部，直接指挥作战。先后投入战斗的是驻扎在附近的西恩富戈斯民兵营、马坦萨斯民兵干部营、第180民兵营等三个民兵营，革命警察营和起义军的炮兵部队。他们怀着对入侵者的满腔怒火，唱着国歌和民兵进行曲，高呼"誓死保卫祖国"的口号，奔赴前线。双方在长滩到吉隆滩约8公里长的海滩上展开激战。

一架在雇佣军入侵期间被古巴战斗机击落的美国 B-26 型轰炸机残骸。

4月17日下午,得到增援的古军开始反攻,雇佣军在古军猛烈反击下全线退却。停泊在近海的美国军舰以大口径舰炮轰击古军,在古军进攻的路线上形成严密的火力钳制,企图帮助雇佣军扭转后撤颓势。4月18日拂晓,古军在援军的配合下向敌军发动全面攻势,于当天上午10时收复长滩。雇佣军伤亡惨重,被迫向吉隆滩退却。18日夜,雇佣军已被压缩在吉隆滩三角地区,在美舰和美机的火力支援下作殊死抵抗,战况十分激烈。

成立不久的古巴起义军空军,在美机4月15日的空袭中部分受损。幸存的有6架"海怒"战斗机、3架 T-33 教练机及5架 B-26C 轰炸机。它们在美军掌握制空权的情况下奉命出击,不怕牺牲,顽强作战,击落 B-26 型轰炸机等5架美机,并击沉了运载雇佣军的休斯敦号运输舰和里奥埃斯孔迪多号等多艘装载弹药、通信设备与医疗用品的补给舰,沉重地打击了雇佣军的士气,在吉隆滩战役中发挥了至关重要的作用。

经过三昼夜激战,古巴军民彻底粉碎雇佣军入侵

4月19日凌晨,在古巴炮兵营对吉隆滩雇佣军阵地进行长时间密集炮轰后,古军随即在装甲部队掩护下对残敌发起总攻。眼看雇佣军登陆作战败局已定,美国6艘舰艇在飞机掩护下企图救出即将被围歼的雇佣军。古巴空军再次出动,驱赶美国机群,击毁了敌人的驳船及大批逃生器材,切断了雇佣军从海上后撤的退路。在海面上准备接应的美国驱逐舰见状不好,丢下了陆地上陷入绝境的雇佣军,驶向几十海里外的安全海面。经过三天三夜72小时激战,古巴军民彻底粉碎了雇佣军的入侵,共击毙89名雇佣军,击伤250人,俘虏1197人,击落敌机9架(包括空军击落的5架),击沉各类敌舰12艘,缴获大量美制先进武器。古巴方面牺牲战士157人,受伤数百人。

4月21日晚,申健大使夫妇拜访古巴部长会议秘书、卡斯特罗战友塞莉娅·桑切斯,探询前线战况。谈话中正好卡斯特罗从前方打电话来,告知古巴军民全歼入侵之敌,战斗已经结束。申大使是第一个获知此消息的外国使节。他及时将此喜讯报告国内。国内原定于次日在北京举行的声援古巴人民反帝斗争大会,随即改成庆贺古巴军民战胜雇佣军入侵的大会。

吉隆滩战役胜利之后十天,古巴于5月1日在首都哈瓦那举行盛大的"五一"游行和集会。古巴百万军民满怀喜悦,共同欢庆粉碎美国

1961年4月20日,吉隆滩战役结束战斗前,被古巴军民俘虏的美国雇佣兵。

雇佣军的入侵。会场上悬挂着"吉隆滩:美帝国主义在拉美的第一次惨败!""如果美国不愿意在它90海里之外有一个社会主义的古巴,那就请它搬家吧!"等巨幅标语,充分显示了古巴人民的自信与豪迈。当从吉隆滩战役前线凯旋的民兵和起义军部队经过检阅台前时,受到了与会群众的热情欢迎。他们乘坐在刚缴获的美制卡车上,脖子上围着用雇佣军伞兵降落伞布片做成的围巾,个个精神抖擞,士气昂扬。"我们胜利了!""要古巴,不要美国佬!"的欢呼声像春雷一样在哈瓦那上空回荡。卡斯特罗在万众欢腾中宣告,古巴革命是社会主义革命,古巴人民有权利选择自己喜欢的社会政治制度,决不允许别国干涉古巴的内政。

他用略带沙哑的嗓音，微笑着低声询问全场群众："你们害怕帝国主义吗？"百万人齐声发出气壮山河的呐喊："不！"这种激动人心的场面，令我终生难忘。

美帝国主义在拉美的第一次惨败

古巴在吉隆滩战役中取得的胜利影响深远。古巴军民的英勇斗争成功地维护了国家的独立和主权，极大地提升了战胜内外敌人的斗志，打击了美国的霸权欺凌气焰。古巴革命政府的执政地位更加巩固，古巴的国际威望大增。

刚就任三个月的肯尼迪政府因猪湾入侵的失败而大丢脸面，处境尴尬，遭到国内外的猛烈批评。肯尼迪政府先是辩称美国没有支持推翻卡斯特罗政权的行动，后来才不得不公开承认这是一次绝不能再发生的错误，表示对该事件负全责。1962年4月，古巴对被俘的雇佣军人员进行审判，判定这些人犯了叛国罪，决定剥夺他们的古巴国籍，并根据他们每人的罪行轻重，分别判处不同的刑期和罚金，合计罚金总额为6230万美元。美方为了赎回这些被俘的雇佣军人员，后来不得不同意用6230万美元购置药品、婴儿食品和农业机械等，作为对古巴的赔偿。

关于谁该为雇佣军入侵古巴失败负主要责任的问题，美国内部争论不休。

前中央情报局官员指责肯尼迪不想让美国与古巴正面交战，因而"蹑手蹑脚"地借手雇佣军，既想以军事手段推翻古巴革命政权，又想逃避相应的政治后果，于是在眼看雇佣军战败时仍不肯直接派美国海军陆战队参战。他们批评这种自以为能隐瞒美国系雇佣军后台的想法"简直就像穿新衣的皇帝那样自欺欺人",因没有美军直接参与,根本不可能成功推翻卡斯特罗政权。

中央情报局的批评者则指责中央情报局应为猪湾入侵行动失败承担主要责任。在评估古巴国内民众情绪方面,肯尼迪被中央情报局的情报误导,误以为雇佣军登陆后,古巴人民会揭竿而起,反对卡斯特罗的"共产主义政权"。实际情况恰好相反。古巴革命政府土改、扫盲、降低房租等各项改善民生和维护国家主权的政策深得人心。雇佣军登陆地区的一名当地妇女,因拒绝为雇佣军效力而受到迫害,但她宁死不屈,临死前仍高呼:"革命万岁!菲德尔万岁!"因美方情报严重失误,肯尼迪在雇佣军登陆失败后不久,就撤换了中央情报局局长艾伦·杜勒斯。

美国历来把美洲看作是美国人的美洲,在拉美横行霸道,劣迹斑斑。在一百多年时间里,美国在拉美进行过无数次武装干涉,其中包括1898年借口缅因号事件向西班牙宣战,把古巴变成自己的"保护国";1903年出兵巴拿马策动其脱离哥伦比亚独立,从而夺取修建和经营巴拿马运河的垄断权;1954年通过雇佣军推翻危地马阿本斯民主政府;等等。美国惯于在拉美颐指气使,呼风唤雨,搞掉一个它不中意的拉美国家政权易如反掌,一路过来总是得心应手,不料却在吉隆滩栽了个大跟头。这就不难理解古巴人民为何把吉隆滩战役的胜利,自豪地称之为"美帝国主义在拉美的第一次惨败"。

卡斯特罗兄弟的中国知己

徐贻聪（中国前驻古巴、阿根廷、厄瓜多尔大使）

我出生在农村，从中学时代就对外语感兴趣，一直以为学习外语可以全方位地阅读世界。"天道酬勤"，我于1958年考入北京外国语学院西班牙语系。1963年3月进入外交部工作，开始在西半球第一个与新中国建立外交关系的古巴驻华大使馆担任大使翻译。后来，经历了外交部美大司、拉美司以及我国驻墨西哥、巴拿马、尼加拉瓜和厄瓜多尔等国机构的工作后，1993年被派往古巴担任大使。此时，正值冷战结束后的混乱时期。

劳尔·卡斯特罗品尝中国黄瓜

我到达哈瓦那履新时，古巴正处于经济极其困难的时期。自1959年古巴革命胜利后，美国对古巴采取的长期封锁并未因冷战结束而中止，古巴来自苏联的经济援助也因苏联解体而难以为继。古巴人民的生活面临前所未有的困难，甚至影响到像我们这样的外国驻古巴人员的生活。蔬菜成为当时古巴非常短缺的物资供应，也成为我们面临的一个现实挑战。

中国驻古巴使馆院子里除了几座房子、草地，边上还有一些空地。

记忆篇

徐贻聪夫妇与卡斯特罗三兄弟。

我开始在这些空地上打主意,准备发扬自力更生的精神,自己动手解决菜篮子的问题。使馆工作人员把空地整理出来种了一点蔬菜,其中包括冬瓜、茄子、西红柿还有韭菜,这里就变成了一个菜园子。

1994年,我和夫人回国休假的时候,在北京市场上买了黄瓜种子。古巴的气候一年四季都比较热,很适宜黄瓜生长。作为兼职"菜农"的我没有想到,北京市场上这普普通通的黄瓜在古巴使馆的菜园子里一种,引出一段中古关系史的佳话。

1994年下半年的一天晚上,当时古巴的二号人物劳尔·卡斯特罗带领一批军队领导人应邀到使馆做客。就餐前,我陪贵宾在使馆的院子里散步,同时就一些双边和国际问题交换看法。一行人信步走到菜园子一角,劳尔·卡斯特罗在菜地旁突然站住,指着架子上细长的黄瓜问我:"那是什么植物?"我回答说:"那是来自中国的一种黄瓜,我们馆员们种着调剂生活用的。"在古巴也有黄瓜,但古巴的黄瓜品种都比较短粗,而细长的中国黄瓜引起了劳尔·卡斯特罗的兴趣。他问:"我

徐贻聪与卡斯特罗。

可不可以看一看或尝一尝?"我说: "当然可以,您要是能够品尝我们使馆工作人员自己种的蔬菜,大家都会感到十分荣幸的。"于是,劳尔·卡斯特罗自己钻到菜园子里,亲手摘了一个稍微大一点的黄瓜,在衣服上蹭了蹭就开吃,咬了一口说: "哎,这个黄瓜怎么那么好吃?"一边说,一边把目光瞄向了陪同他到中国使馆做客的华裔将军邵黄。邵黄将军的父母都是广东省增城县(现广州市增城区)人,他是生在古巴的华裔,20世纪50年代起就追随菲德尔·卡斯特罗与劳尔·卡斯特罗兄弟参加了古巴游击战争,与卡斯特罗兄弟结下了深厚的战斗情谊并深得他们的信任。1959年古巴革命胜利后,邵黄当过一段时间劳尔·卡斯特罗的办公室主任,后来被任命为物资储备局局长,同时还是古中友协会长。劳尔·卡斯特罗边吃黄瓜、边佯装生气地对邵黄说: "你在古巴生活了50多年,怎么从来没有跟我说过中国有这么好吃的黄瓜呢?"在场的众人见状都哈哈大笑。吃罢中国黄瓜的劳尔·卡斯特罗意犹未尽,指了一下身边的随从人员,问我: "能不能让他们几个也尝一尝?"我说: "当然可以,随便吃。"然后,我与劳尔·卡斯特罗等人一起动手,把能吃的大大小小的黄瓜全都摘了下来，给陪同来访的古巴国防部副部长、参谋长及海军、空军司令等人每人掰了一点分着吃，吃完之后大家都异口同声地说这个黄瓜很好吃。当时我们心里都美滋滋的，很自豪。

荣获"徐贻聪黄瓜"证书

俗话说：言者无心，听者有意。劳尔·卡斯特罗就中国黄瓜开的玩笑，让我若有所思。古巴客人走了以后，我的夫人建议："你要不要把这个黄瓜种子送一点给邵黄？"我与邵黄的关系一直不错，很多外事活动，包括和古巴领导人联系等都是通过他安排的。第二天一大早，我就给邵黄打电话："昨天的黄瓜觉得怎么样？"他说："我一晚上都没睡好觉，现在脑袋还疼。劳尔那句话是在批评我呢。"我说："你想不想要黄瓜种子？你要的话，我给你送点去。"邵黄一听大喜，说："你一下子把我的脑袋疼给治好了！"那时古巴比较困难，各个单位都在想办法搞点生产，邵黄是负责物资储备的，他的这种生产意识就更强一点。他办了好几块试验田，专门种各样蔬菜。古巴有一个制度或者说一个惯例，就是一般的机关单位、工厂和学校，中午要给工作人员或者学生做一顿饭吃。当然，吃得好坏要看各单位自己的条件。我送的黄瓜种子，他专门派人在试验田里种。因为古巴的气候热，黄瓜随时都可以栽种。邵黄非常关注他在试验田里栽种的黄瓜，长出芽了、苗长多高了，都打电话告诉我，其重视程度可见一斑。栽种黄瓜的试验成功后，邵黄扩大了栽种范围，把种子传播到了哈瓦那附近的一个省，后来又逐渐扩大到其他地区。从此，古巴开始比较广泛地种植细长的中国黄瓜。一直关注此事的我自己也没有想到，从北京市场带回来的黄瓜种子，会迅速地在古巴全国大范围地传播开来。这也应了我们中国的一句古话：无心插柳柳成荫。

1993年,徐贻聪(左一)在哈瓦那陪同江泽民主席会见卡斯特罗主席。

更令我没有想到的是,我居然因为这个黄瓜受到了古巴政府的表彰。

1995年上半年的一天,我突然接到邵黄的电话,他说:"你没事上我这儿来一趟吧!"我也不知道出了什么事情,匆匆赶到了邵黄那儿,发现一大堆人围着,其中有古巴政治局委员兼农业部长,周边好几个省的书记、省长和副省长。我一看好像这里没有我什么事情,和他们打了招呼之后就准备离开,没想到农业部长说:"你不能走。"我正在诧异呢,什么事情还不让我走?这时农业部长对旁边的人说:"宣布开始吧。"我这下就更不知道是怎么回事了,心想:宣布什么开始?和我有什么关系?但是心里虽然犯着嘀咕,也只好站在那里。接着,农业部长把我、邵黄和哈瓦那的一个市领导请到主席台上,开始讲话。当中就提到了这黄瓜的由来,黄瓜怎么在古巴推广,对古巴产生了什么样的作用。最后,庄重宣布:古巴国务委员会决定给我颁发一个"徐贻聪黄瓜"的证书。证书是用古巴的官方语言西班牙文写的,我的名字是用拼音书写的。看着我恍然大悟的神情,邵黄得意地说:"这是给你的一个惊喜。"在致答谢词中,我简单地说了这个黄瓜的来历,黄瓜不是我发明出来的,只是从国内带回来一些种子,而且是我夫人买的,我获得证书应该是"无功受禄"。最后,我做了总结,这件事表达了古巴人民对中国的友好感情,体现了两国的友谊。我个人只是在这里承担了一个载体而已,黄瓜是两国之间的友好关系、两国人民之间深情厚谊的体现。

离开古巴之后,我一直把这个象征着中古两国人民友谊的"徐贻聪黄瓜"证书珍藏着。这是我外交生涯中的一段小插曲,确实有着特殊的纪念意义。

与卡斯特罗主席彻夜长谈

菲德尔·卡斯特罗,1926年8月13日出生于古巴奥连特省比兰镇。作为20世纪五六十年代全球民族解放运动的代表人物,他不仅是古巴的传奇,甚至成为世界范围的传奇。环顾当今世界政坛,能数十年受到本国人民的一贯拥戴,又始终受到国际舆论极大关注的政治领袖为数不多,卡斯特罗就是其中最突出的一个。即使是在执政古巴半个多世纪之后,他也仍然是世界媒体的焦点,仍然是中国人最为熟悉的外国领袖。如果说切·格瓦拉成为一种全球认可的古巴文化符号的话,卡斯特罗就是这个文化符号背后的最初描绘者。他那极具威严的大胡子、永不改变的绿军装以及伴随他40余年的雪茄烟，本身就让卡斯特罗成为一种古巴的象征符号。对于卡斯特罗这个人我是非常尊敬的，他是一位非常了不起的领袖人物，他的一生非常艰苦坎坷。我在古巴时，卡斯特罗的身体和精神都非常健旺，掌控着古巴革命后这个国家发展的总舵。我有幸与这位传奇人物有一段深入交往，甚至在十几年后回忆起来时，仍感觉历历在目。第一次见到卡斯特罗，可以说是一次很偶然的机会。我去古巴当大使的时候，他作为古巴国务委员会的主席是不出面接受外国使节的国书的，这项工作都是由他的助手们来完成，即几个国务委员会副主席轮流接受外国使节的国书。

1993年9月，我抵达古巴，并未立刻见到卡斯特罗。10月份，我接到国内通知，时任国家主席江泽民准备对古巴进行短暂访问，让我去交涉相关事宜。我对古巴外交部相关人员说："我们国家主席马上就要来了，我还没有机会见到卡斯特罗主席，能不能在我们国家主席到来以前见见面，谈谈这次访问的事情，也让我能够更好地向我们的国家主席报告情况，使得这次访问可以更圆满呢？"古巴外交部给我答复说："我们会把你的想法转告给我们总司令。"——总司令，这是古巴人对卡斯特罗主席的亲切称呼。没过多久，在江主席出访的先遣组到达我们使馆的当天晚上，卡斯特罗主席办公室打来电话，通知我去见卡斯特罗。这天是10月25日，我印象非常深刻。晚上10点钟，我准时来到卡斯特罗办公室，还没等我坐下来，他走到我坐的地方，拍了拍我，开口第一句话就问："你不是在吃饭吗？饭吃完了没有？"一边说，一边亲切地搂着我的肩膀到他的办公室里间。卡斯特罗说："我希望你能把江主席的事情跟我讲得详细一点，这样我们可以接待得更好。"令我没有想到的是，我们的首次谈话从一开始就成了中国革命史的回顾课。从中国历史到中国革命，从井冈山、长征、延安到抗战、解放战争，卡斯特罗一路问下来，我顺着他的问题一一介绍。然后，他询问了江主席的一些情况和中国改革开放的形势。不知不觉中，会见的时间超过了两个小时。

我感觉时间已经比较长了，忙说："总司令，我今天见您的时间太长了，您太忙了，我该告辞了。"卡斯特罗回答："不着急，我还有很多问题。"结果第一次会面，我们从头一天晚上10点钟，一直谈到第二天凌晨近3点钟，长达5个多小时。到最后，卡斯特罗好像突然想起了什么似的，说："哎呀，我忘了招待你了，我这儿有中国茶叶、中国酒，光知道跟你讲话了，连茶都没让你喝。"卡斯特罗给我倒了点茶，然后又把茅台酒拿出来，他说"这样吧，我们俩先干一杯，预祝江主席访问古巴成功！"

"我们是两个不同时代的老虎"

这次和卡斯特罗的首次会面给我留下了深刻印象，尽管已经过去30年，我仍然记忆犹新。起初，我印象中的卡斯特罗应该是一个非常威严的领导人，但是见面以后，特别是和他接触时间长了则感觉到他非常可亲，待人亲切诚恳，没什么架子，和他谈话也非常随便。不过，令我念念不忘的还有第一次见面中一个让我卡了壳的问题。卡斯特罗从中国古代历史、近代历史一直问到现代的情况，我都如实地给他作了回答和介绍。讲到中国人民解放军1949年渡江战役的时候，卡斯特罗问我："你们解放军渡江战役有三个前沿指挥部，这三个指挥部都在哪里？三个指挥官都是谁？"这下可难住了我，只好回答："总司令，很抱歉，我没记住，以后我给你查查。"卡斯特罗说："你不用查，我来告诉你。"于是，他把三个前沿指挥部都在哪里，三个指挥官都是谁，一一向我道来。这时我才了解到，原来卡斯特罗向我询问，不代表他不知道，而是通过他的提问，让我答复，这样就使得他对这些情况有更多的更直接的或者说更深刻的了解。有了这次前车之鉴，以后每次我与卡斯特罗见面，事先都要准备很多东西，因为他的知识很渊博，了解的东西也非常广泛。1993年首次见卡斯特罗那一年我55岁，卡斯特罗67岁，他比我大12岁，正好一轮。按照中国的传统，两个人都是一个属相——虎。我与邵黄同龄，还有使馆的政务参赞林良由也属虎，被称为"哈瓦那的三只老虎"。卡斯特罗主席知道后说："应该是四只，因为我也是，比你们大一轮的老虎。"我们都感到非常高兴和荣幸。卡斯特罗显然很了解中国的属相，所以他对我说："我们是两个不同时代的老虎。"或许是因为这个原因，我与卡斯特罗确实是一见如故。在哈瓦那，并非所有的驻古巴外交官都能够见到卡斯特罗。许多大使级外交官从上任直至离开，始终不能得到与卡斯特罗面谈的机会。而在首次见面后，卡斯特罗与我这只"老虎"，在短短的两年三个月的时间里就进行过十多次的长谈，最长的一次9个小时，短的也近4个小时，结下了很深的友谊。由于古巴当时面临着国内经济恶化和国际环境的困难，卡斯特罗需要了解世界，需要找到朋友。而古巴在很多方面跟中国有很相似的地方，因此，除了中国革命史之外，研究中国对外政策、国内建设、邓小平关于改革开放的战略等等，也成了卡斯特罗的"必修课"。我是学习西班牙语出身，与卡斯特罗没有语言障碍，可以说部分地充当了卡斯特罗了解中国的一个桥梁——我们两个人差不多每两个月就要深谈一次，谈话地点有时是在卡斯特罗办公室，有时是卡斯特罗专门到使馆来看我。这在哈瓦那的外交圈，确实引起很多外国同行的"嫉妒"。

"老卡"亲率最牛裁判团

卡斯特罗的中国菜情结，是自年轻时就有的。他亲自跟我讲，年轻的时候哈瓦那有一些中餐馆，他经常到那里去吃饭。他一直清楚地记得有一家中餐馆的名字叫"太平洋酒楼"。另外，卡斯特罗本人还会做饭。他坐牢的时候，牢里边的犯人要自己做饭。当时，他与劳尔兄弟俩关在一起，他负责做饭，照顾弟弟。懂烹饪、喜爱中国菜的卡斯特罗，有一次还担任过厨艺大赛的裁判。我有时请卡斯特罗吃中国饭，而卡斯特罗有时也会回请，地点大部分是"小湖区"，类似于北京钓鱼台国宾馆。一个院子里面有很多小楼，中间有一个湖，我们的许多代表团都被安排住在那里，所以中国人经常把它称作"哈瓦那的钓鱼台"。有时卡斯特罗在这里请客，由邵黄将军的姐姐当厨师，做的也是中国菜。她是广东人，做的是粤菜，我们使馆的厨师是做淮扬菜的，两种菜系不一样，风格也不同，由此引发了一场竞赛。竞赛由劳尔·卡斯特罗发起。有一次吃饭的时候劳尔对我说："你干吗不跟邵黄将军搞一场比赛？"我问："比赛什么呀？"劳尔说："看你们俩谁的中国菜做得好。我建议由总司令当裁判长，我们这些人都可以当裁判组的成员。"古巴国务委员会还有很多资深的副主席都是当年卡斯特罗兄弟打游击的老战友，无论在使馆还是他们的"钓鱼台"聚会，这些人基本上都在。劳尔的这个提议让我非常高兴，也得到了卡斯特罗的赞成。

此后一段时间，每次请客完了，都会举行厨艺评选。我们中国使馆有专业厨师，材料也比较丰富齐全，理所当然要比邵黄姐姐做得好，所以每次饭后的评价都是使馆方领先。有一次，劳尔告诉我说："比赛已经进行一段时间了，咱们适当的时候找个时间争取在年底做一次总结。我建议双方都是第一，这样可以体现两国的友谊，我们也不是真的比赛，只是表达友好的一种方式。"我笑着说："嗯，这是个好主意。"但不久之后，我接到了调任通知，卡斯特罗还专门举行了宴会为我送行。之后，由于卡斯特罗要访问中国，我的任期又延长了一段时间，以便陪同他访问，直到访问结束。就这样，由于工作的忙碌耽搁了厨艺评选。我临走的时候劳尔对我说："很遗憾，我们这场竞赛没有结果，以后再说吧。"这场中古双方的厨艺比赛有裁判组，有裁判长，也有大部分的竞赛过程，但是没有最终的结果——我想其实已经有了结果，就是中古关系的长期稳定发展。这样的事情在中国驻外机构、外国其他驻外机构中，应该是不多见的。一次没有结果的比赛，反而在不知不觉中更加拉近了彼此的距离。

1995年11月，我离开古巴回到了国内，但和卡斯特罗以及其他古巴政要之间的友谊并没有因距离变远而变淡，我本人也会时常收到来自"老卡"多种途径的问候。古巴有人访问中国时，就会通过他们的大使找我，向我转达问候说："我们总司令问你好。"如今我已经八十多岁了，退休也有20年，不过，仍在力所能及地发挥一点微小的作用，做些公共外交方面的事情，特别是经常参加与古巴有关的活动，包括纪念菲德尔·卡斯特罗逝世周年的座谈会等。因为我确实非常敬重"老卡"和劳尔，钦佩古巴。那些历久弥新的岁月，不知会有多少能成为被后人记忆的传奇。

"拉美雄鹰"格瓦拉的光辉人生

汤铭新（中国前驻玻利维亚、乌拉圭大使，原中国前外交官联谊会会长兼秘书长）

2015年是中国和古巴建交55周年的喜庆之年。回眸在这跨越半个世纪的岁月之中，无论国际风云如何变幻，中古友谊经受住了惊涛骇浪的种种考验，双边政治、经济和社会的友好基础不断加深。目前两国关系处于历史最好时期，尤其是2014年习近平主席成功访问古巴，中古关系进入了全面快速发展的新阶段。正如习主席所说，中古是好朋友、好同志、好兄弟，有共同的理想和信念。相信在双方一道努力下，两国高水平的政治关系将转化为丰硕的务实合作成果，中古互利友好合作将不断迈上新台阶。习主席的这番话深深地打动了我的心，因为，在我的外交生涯中，有一段与古巴结下特殊友情的经历，令我终生难忘。

在一次纪念中古建交55周年的活动场合，我与古巴驻中国大使白诗德谈到深厚的中古友好关系时，他用形象的比喻、幽默的语气说："我们古巴和中国有12小时的时差。所以，当中国是白天的时候，古巴是夜晚。那么，就由我们的兄弟中国人民负责看护古巴这12个小时；而当中国是夜晚的时候，古巴是白天，就轮到我们古巴人民在这12小时来负责保护中国。真可谓是生之俱来的兄弟情谊啊！"的确，中国和古巴可谓是同呼吸共命运的真诚兄弟。我对此有深切的感受。我曾有幸参加过接待古巴高级领导人和其他代表团访华，也陪同我国不同部门的领导人和文化友好代表团访问过古巴，或到哈瓦那参加国际会议。古巴是风景秀丽、资源丰富、热情友好、社会和谐的"加勒比海明珠"。

那里甜蜜爽口的蔗糖、浓郁喷香的雪茄、魅力无比的女排和优美动人的芭蕾舞在中国有口皆碑。尤其是触及人们心灵的古巴标识,那就是对震撼世界的两位伟人菲德尔·卡斯特罗和切·格瓦拉的无比敬仰。

2015年是切·格瓦拉牺牲48周年。几十年来,"格瓦拉热"在世界范围内经久不衰。在许多国家的群众集会上,经常可以看到他的画像和毛泽东主席的画像并排挂在一起,而年轻人最喜爱的T恤衫上就是印有那幅他穿着战服、留着胡子的照片。我也要在此献上这份深深凝聚在心头的"格瓦拉情结",和全世界特别是亚非拉数以千万计的崇拜者一起仰天振臂高呼:切,您永远是为追求美好生活、摆脱社会不公和苦难而奋斗的人们的精神偶像!

传奇色彩的人生之路

格瓦拉于1928年出生在阿根廷罗萨里奥市一个资本家兼庄园主家庭。1953年,他以优异的成绩从大学毕业并取得了医生资格。他的初衷是想用行医来造福人类。但是,在目睹了印第安人的贫苦生活和疾病患者的困苦之后,被压迫者的苦难令他寝食不安。他深感不公平的世界非药可医。所以,在阅读了马列著作后,他放弃了优越的理想职业,决心从事革命斗争,以解放苦难大众为己任。他毅然决定奔赴当年民族民主革命高潮中的玻利维亚和危地马拉等国家,旨在为贫苦大众的解放探索一条希望之路。当他告别自己的父母和乡亲启程远行、火车开动的瞬间,他充满激情高声地说:"一名美洲战士上路了!"

格瓦拉在这几个正经历反帝反封建革命的国度里,看到人民渴望着真正的变革,他深受鼓舞。他认识到,若要用医道去造福人类,必须首先发动一场革命,推翻反动独裁统治,从而实现他的革命理想。为此,他暗下决心：如果拉丁美洲国家发生根除社会邪恶势力和推翻帝国主义统治的社会革命，他将是这场革命的坚定战士！

1955年6月，格瓦拉在墨西哥城与菲德尔·卡斯特罗相遇。共同的志向使两人一见如故。他们通宵畅谈形势和革命策略。在卡斯特罗邀请下，格瓦拉参加了正在组建的古巴远征军。1956年11月25日，82名远征军登上"格拉玛号"游艇从墨西哥湾出发。想到即将投入一场革命风暴中去，格瓦拉兴奋不已，和卡斯特罗一起，领着大家不停地高唱古巴国歌。不料刚一登陆，他们即遭到政府军的袭击，70人丧生。格瓦拉在战斗中负了伤，哮喘病又复发。但他以顽强的毅力，和卡斯特罗一起率余部冲出重围，转移到层峦叠嶂的马埃斯特腊山区，创建了游击活动基地。从那以后，格瓦拉和卡斯特罗密切配合，打了多次胜仗并转入反攻，最后于1959年1月，一举攻占首都哈瓦那，推翻了亲美的独裁统治，取得了革命的胜利。一时间，在古巴，乃至整个中、南美洲地区，格瓦拉成了传奇式的人物，名声大震，被称为古巴起义军中"最强劲的游击司令和游击大师"，是卡斯特罗的左膀右臂。西方甚至称他为"共产主义的堂·吉诃德"。卡斯特罗对这位亲密战友的评价是："一个在行动上没有一丝污点，在举动上毫无瑕疵的典范！"但是，格瓦拉一再谦虚地说："毛泽东才是游击战大师，我只是个小学生。"

古巴革命胜利后，格瓦拉担任了国家银行行长、工业部长和党的领导职务。但是，作为古巴第二号人物，他却不愿接受任何特权。他身体力行，参加义务劳动；孩子生病，不用公车送医院；让家人到商店买东西，像普通人一样排队；需要的时候，同普通战士一样站岗；喜欢接触群众，了解民情；作风亲和，平易近人。诸如此类的工作作风和生活细节，无不折射出他高尚的情操和纯净的人格魅力。

敬仰毛泽东结下的情谊

我第一次见到格瓦拉是1960年11月间他率领古巴政府经济代表团访华之时。那一年是中古建交的第一年。当时，古巴是拉美国家中唯一和我国建立外交关系的国家，因此，我国对格瓦拉的访问给予了高规格的接待。毛主席和周总理分别会见和宴请了格瓦拉，并同他进行了热烈的长谈。在北京和上海分别举行了声势浩大的群众集会，欢迎来自加勒比海的古巴人民的友好使者。格瓦拉对中国人民的深情厚谊极为感动，而更令他激动无比的是，他终于实现了心仪已久的热切期望：一定要见到仰慕已久的中国革命伟人——毛泽东主席。

格瓦拉曾动情地说，"我们非常景仰毛泽东同志"。因为他从年轻时投身革命起，即阅读了许多毛泽东关于中国革命和游击战的文章和著作，从中受到深刻的启发，把它们称为"来自中国的粮食"。他先是仿效中国走"农村包围城市"的革命道路，把斗争重点从城市转移到山区和农村，在那里形成革命斗争的根据地。在根据地建设过程中，他又仿效中国，注意发动群众。他身背药箱，走村串户，为农民免费治病，同时向贫苦的农民介绍毛泽东领导的中国革命。这样，格瓦拉很快就成为起义军中最优秀的政治委员，在群众中享有很高威望。在军事行动中，格瓦拉更灵活运用毛泽东关于游击战的许多战略战术，不断取得成功。这一切使格瓦拉对毛泽东和中国革命产生了深深的情谊。

因此，当1960年11月19日下午毛泽东接见格瓦拉时，见到这位慈祥而高大的伟人，格瓦拉的神情显得有些紧张，一时说不出话来。还是毛主席先开口说："切，你好年轻哦！"听到毛主席温馨的问候，格瓦拉打开了话匣子，先是赞赏中国的绿茶，说到了中国品尝到这么清香的茶叶，舒心暖胃，就像是喝到了阿根廷的马黛茶！毛主席幽默地回应说，"你喝到家乡的茶叶味了，这说明你是真的到家了。"这一席简短的交流，双方谈话的气氛顿时轻松起来。之后，在谈到古巴革命的发展时，格瓦拉感激地说，"毛主席，您革命的时候我们还没有出生呢。但是，后来我们读到了许多您的文章，受到了深刻的启发，是您的游击战思想指导我们取得了胜利。"

格瓦拉在古巴掀起的"中国热"

1960年11月18日，在格瓦拉第一次访问中国抵达北京的第二天，周总理在人民大会堂设宴欢迎格瓦拉一行。我陪同古巴青年代表团一起出席。当格瓦拉步入宴会大厅时，他不断向欢迎他的宾客们挥手致意。只见他身穿绿橄榄色军装，足蹬一双黑色军靴，留着潇洒的络腮胡须，身材魁梧，步履矫健，眉宇间透出阿根廷草原高乔人那种特有的刚毅与豪放。我陪同的几位古巴客人迎上前去，同他握手问好。格瓦拉简短地问冈萨雷斯团长来中国多长时间了，有收获没有？然后，以深邃的目光看着冈萨雷斯说，"中国对青年工作非常重视，你们要好好学习中国同志这方面的宝贵经验。毛泽东主席对青年有一段非常精辟而生动的讲话，说青年好像早晨八九点钟的太阳。"说到这里，他转过脸微笑地问我："你知道毛主席的这段话的全文是怎么说的吗？"我说："知道。那是1957年毛主席在访问苏联时，对中国留学生的一段精彩讲话。毛主席说，'世界是你们的，也是我们的，但是，归根结底是你们的。你们青年人朝气蓬勃，正在兴旺时期，好像早晨八九点钟的太阳。希望寄托在你们身上。'"格瓦拉听完后紧紧地握了握我的手说："谢谢你的帮助。毛主席的话说得多么好啊！"然后转过脸来用寄予重托的犀利目光对冈萨雷斯说："希望你好好记住毛主席的这段话，努力把青年工作做好啊！"冈萨雷斯连连点头称是，说回国以后一定好好安排学习和贯彻。并且他还请我重复翻译一遍,他完整地记录了下来。

义无反顾点燃朝霞之光

古巴革命胜利后,格瓦拉依然阅读了许多毛泽东的著作。在他看来,革命尚未成功,因为拉美大多数国家,包括他的祖国阿根廷,仍然被独裁者或者反动权贵集团所统治。所以,他经常引用毛泽东的一句名言"不到长城非好汉"来激励自己的革命斗志。尽管肩负繁重的经济领导工作和频繁的外交出访活动,但这丝毫没有让格瓦拉忘记他作为一名解放全拉美的国际主义者的理想。所以,当古巴的经济建设开始进入正常的运行轨道以后,他血脉中的拉丁美洲血液开始沸腾。他耳边常常听到受苦受难的人民的呼唤,他不能沉湎于"功成名就",他要继续为拉美的解放事业作出贡献。

1967年1月,我陪同时任中共中央对外联络部拉美局局长的吴学谦赴哈瓦那出席亚非拉三洲人民团结会议。念及格瓦拉在1965年3月结束了他为期三个月访问包括中国在内的亚非一系列国家后便销声匿迹,出席三洲会议的许多代表都十分关心格瓦拉的行踪。古巴政府了解到大家的心愿,卡斯特罗在三洲会议发表闭幕词中专门讲到了格瓦拉"告别古巴"的情景。他说:"格瓦拉从参加我们行列的第一天起就时常明确地表示,当古巴斗争完成之日,他就将去另外的地方履行革命任务。我们也常向他许诺,任何国家利益、民族利益和任何情况都不会使我们要求他留在我们国家内或者阻止他实现那种愿望的要求,而且我们完全忠诚地信守对格瓦拉同志的诺言。"此言刚完,全场报以长时间雷鸣般的掌声。接着,全场突然响起了一阵熟悉而合着节拍的欢呼声,原来那是在这个岛国家喻户晓的一首歌词:"我们可以像他,我们应该像他。像谁?像谁?切·格瓦拉!"这时,群情激奋,全场淹没在一片热烈的气氛之中。此情此景,令我们与会各国代表感动不已。接着古共中央的一位领导人宣读格瓦拉自玻利维亚丛林写给三洲会议的《致世界人民的信》。格瓦拉在信中说:"要发扬真正的无产阶级国际主义,人类在无产阶级旗帜下进行的斗争是最神圣的斗争。对一个美洲人、亚洲人,一个非洲人或一个欧洲人来说,在越南、委内瑞拉、危地马拉、老挝、几内亚、哥伦比亚或玻利维亚等现代武装斗争的舞台上献出生命,同样都是光荣而伟大的……"信刚念完,会场上又一次响起"切""切""切"的热烈欢呼声。

开完会,我同古巴的陪同官员说了我对格瓦拉崇高品质的感受。这位官员告诉我,1965年10月3日,在宣告成立古巴共产党中央委员会的大会上,卡斯特罗正式宣布:切·格瓦拉已告别古巴并请求辞去他在古巴党内外的一切职务、军衔和古巴公民的国籍。他愿意为拉丁美洲任何一个国家的解放事业献出自己的生命,而决不考虑个人付出任何代价。他在给卡斯特罗的告别信中表示,他对单一的苏联模式感到不解和失望,对社会主义的前途感到忧虑,因为他发现不少革命者都是在豪华的汽车里、在漂亮的女秘书的怀抱里丧失了往日的锐气。所以,为保持革命者的理想和完美形象,他只能选择战斗,选择一个凤凰涅槃式的壮美结局。

1965年6月,格瓦拉率领一支有125人的古巴游击小分队,开赴非洲的刚果金沙萨地区,想在非洲的心脏地带建立一个"新古巴"。然而,斗争屡遭挫折。格瓦拉便决定在玻利维亚圣克鲁斯省的尼阿卡瓦苏峡谷建立游击据点。1967年3月,他们开始军事行动。1967年8月,由于叛徒的告密,游击队的秘密仓库被捣毁,城市中的联络网也遭到破坏。8月31日,游击队遭到政府军的袭击,全军覆没。10月8日,当格瓦拉滑下峡谷准备突围时不幸被捕。次日,玻利维亚武装部队司令和美国中央情报局人员乘直升机赶到现场进行审讯。格瓦拉早已将生死置之度外，拒不回答任何问题，镇静地说："我就是切·格瓦拉。你们把枪口对准我吧！革命是永垂不朽的！"格瓦拉英勇牺牲，年仅39岁。正如格瓦拉的女儿所说，"我父亲是去完成西蒙·玻利瓦尔（领导拉美获得独立的民族英雄）未竟的事业"。无论今天或者将来，只要世界上还存在着压迫、剥削与不公正，熟知或钦敬格瓦拉的人民还会发出同一种声音：切还活着！他的英名将流芳百世！

寻踪格瓦拉的足迹

1995年11月22日，我在玻利维亚的大使官邸收听到一条惊人的消息：当年曾参与追剿格瓦拉的玻利维亚退役将军巴尔卡斯透露了格瓦拉遗骨下葬的秘密地点。广播说，慑于格瓦拉在全世界激进青年和左翼游击队中的巨大威望和影响，为避免他的墓地日后成为他的崇拜者朝拜的圣地，当年美国中央情报局和玻军方决定将格瓦拉等人的尸体秘密地埋葬在玻东部圣克鲁斯省巴耶格兰德市小型机场的跑道下面。当时格瓦拉已离开我们快30年了，但是，他在玻利维亚开展游击战的最后岁月，特别是他的葬身之处，一直是世人关注的焦点。

不久后，玻利维亚《现状报》发表了一篇当年曾在格瓦拉战斗的游击区采访的报道，还附有一张在现场拍摄的格瓦拉的遗体照片。有评论认为，那张照片同1500年在意大利画的耶稣像惊人相像，这真是人世间难以想象的巧合。显然，那是因为人们把格瓦拉同救世主耶稣相比拟，因而得出了那样的印象。

到格瓦拉饮弹的实地，去体验壮士昔日的战斗历程，无疑是对英雄最好的怀念。1996年初，我从圣克鲁斯出发，经过三个多小时的艰难旅程，到了与格瓦拉英名紧密相连的巴耶格兰德市。市长卡勃雷拉热情地接待了我。我告诉他，我曾在中国接待过格瓦拉，中国人民对格瓦拉怀有崇高的敬意，而格瓦拉对中国也怀有深切的感情。我告诉他，古巴驻玻利维亚大使曾和我讲过一段格瓦拉与中国有关的往事。那时，这位大使是古巴共青团中央的领导干部。她说，在一次格瓦拉光着膀子和他们一起参加砍甘蔗的义务劳动时，他对古巴共青团的领导人说："同群众共甘苦，参加集体劳动，这是我在中国受到的启发。对于肩负领导重任的同志来说，这也是与官僚主义决裂的最好办法。"卡勃雷拉市长听完后笑着对我说："中国大使对格瓦拉的特殊感情完全可以理解……我们这里的普通老百姓就说，虽然切活着的时候我们对他知之甚少。但是，他死后我们才明白，他是一个仿效耶稣拯救穷人的好人，他就是当代的救世主。"

1995年11月底，在玻利维亚政府的支持下，玻利维亚、阿根廷和古巴联合组成的专家组，着手调查和寻找掩埋格瓦拉的地方。1997年7月1日该地点终于被找到后，古巴政府于7月12日派专机接回格瓦拉及另外几名游击队员的遗骨。1997年10月9日，即格瓦拉遇害30周年，古巴政府为格瓦拉举行了最为隆重的悼念活动和国葬规格的安葬仪式，地点就选在他生前战斗过的圣克拉拉市。圣市数十万群众涌向灵车经过的路旁并撒满鲜花，场面十分感人。卡斯特罗在葬礼上发表讲话，赞扬格瓦拉对古巴革命的杰出贡献，称赞他是革命者和共产党人的楷模。

如今，在格瓦拉被害的伊格拉村竖起了"圣人切"的雕像，村中的一条大街被命名为"十月八日大街"，以纪念格瓦拉殉难的日子。成千上万慕名而来的"朝圣者"不远万里来到这个偏远的山村，他们沿着格瓦拉和他的战友战斗过的线路，参观和凭吊他们居住过的岩洞、营地，并献上鲜花。1997年10月9日，来自拉美各国的6000多位艺术家、作家、大学生，聚集到巴耶格兰德市举行了"纪念切·格瓦拉世界大会"。阿

图为作者汤铭新（右二）在玻利维亚巴列格郎德市政府官员（右一）陪同下，从圣克鲁斯市出发，踏上寻踪格瓦拉英雄斗争的路程。

根廷专门拍摄了纪念格瓦拉的故事片，并在国会大厦举行诗歌朗诵会。2003年，在古巴，有4万多人在格瓦拉广场举行集会，纪念格瓦拉诞辰75周年。古巴第四号领导人巴拉格尔发表了热情的讲话。

格瓦拉为了崇高理想不惜牺牲一切的献身精神，为了帮助穷苦人打碎压迫锁链而选择浪迹天涯进行革命的英雄气概，他那放弃至高权力和温馨家庭而义无反顾地到热带丛林去做一名普通游击战士的高尚行为，使他成为超越时空并被世人广泛传颂和敬仰的英雄。正如玻利维亚著名作家奥普佩萨描述的那样，他是一个"点燃朝霞的人"。

记忆篇

劳尔·卡斯特罗与《东方红》

刘玉琴（中国前驻厄瓜多尔、智利、古巴大使）

1953年，一位22岁的古巴青年参加了在布加勒斯特举办的世界青年与学生联欢节。会议期间，他热情奔放，与其他国家的青年代表坦诚相待，赢得了许多人的喜爱，他就是劳尔·卡斯特罗。也是在那次会议期间，劳尔认识了新中国派出的代表团，结识了中国的青年人。中国青年人唱的《东方红》朗朗上口，深深吸引了劳尔，在短短几天内他就学会了《东方红》，并且在以后的几十年里一直牢记心中，随时可唱。

我第一次听劳尔唱《东方红》是在1997年，那时我刚到古巴工作。当时劳尔与中国使馆同志在小湖区国宾馆聚会。聚会快结束时，劳尔站起来说，咱们唱《东方红》吧。说着，他就指挥起来，我们都精神抖擞地大声唱起来："东方红，太阳升，中国出了个毛泽东。他为人民谋幸福，他是人民大救星。"唱完了第一段歌词，我们都停下来，劳尔却还在唱："毛主席，爱人民，他是我们的带路人。为了建设新中国，领导我们向前进。共产党，像太阳，照到哪里哪里亮。哪里有了共产党，哪里人民得解放。"他居然唱了三段歌词！我想就是中国人能唱三段词的恐怕也不多，劳尔不仅会唱，还字正腔圆的。我很难想象，几十年前他是怎样把号称世界最难学的中文，一字一字发音，一字一字记在心里的，又一字一字记了这么多年。以后凡是劳尔与中国同志聚会，唱《东方红》成了大家的"保留节目"。

中国和古巴的故事

2000年2月，古巴国务委员会第一副主席兼部长会议第一副主席劳尔·卡斯特罗与刘玉琴合影。

  2008年胡锦涛主席对古巴进行国事访问时，到哈瓦那大学塔拉拉分校看望在那里学习的一千多名中国学生。古巴国务委员会主席兼部长会议主席劳尔·卡斯特罗全程陪同。胡锦涛主席在讲话中特别提到：古巴是接受中国留学生最早最多的拉美国家。塔拉拉分校的项目，是中古建交以来最大的教育交流项目，是两国友好合作不断发展的又一例证，充分体现了古巴人民对中国人民的友好情谊。劳尔对胡主席的讲话表示了热烈欢迎和赞赏。劳尔回忆起自己55年前出席世界青年与学生联欢节时学唱《东方红》的往事，并带头唱起了这首在中国家喻户晓的歌曲。这大概是劳尔唱《东方红》指挥人数最多的一次了。

  劳尔唱《东方红》最隆重的场合当数在人民大会堂国宴之后。那是2012年7月，古巴国务委员会主席兼部长会议主席劳尔·卡斯特罗对中国进行国事访问，中国国家主席在人民大会堂举行欢迎宴会，欢迎远道而来的古巴贵宾。欢迎宴会结束后，劳尔走到在场的军乐团面前，

2011年11月,劳尔主席邀请刘玉琴大使参观他的办公室。

提议唱《东方红》。就这样劳尔在军乐团的伴奏下欣然唱起了《东方红》,在场的嘉宾都唱起来,活动达到了高潮。

这么多年,我听劳尔唱过许多次《东方红》,每次听起来感觉还都是那么激动。在劳尔激昂的歌声中,我仿佛看到了几十年前那个古巴青年和新中国的青年一起慷慨高歌的场景,看到了当年在东方地平线上刚刚诞生的新中国和革命尚未成功的古巴两国人民渴望了解对方的情感。

几十年来,劳尔从一个热血青年成为一国最高领导人,他丰富的人生阅历中肯定有许多难以忘怀的事,其中,他记忆中不可磨灭的仍有几十年前学会的《东方红》。

我在卡斯特罗家下厨房

刘玉琴（中国前驻厄瓜多尔、智利、古巴大使）

2011年11月下旬，为落实同年6月时任国家副主席习近平访问古巴时与古巴革命领袖卡斯特罗就两国关于辣木和桑木合作达成的共识，农业部国际合作司司长王鹰率专家代表团到古巴考察，代表团由辣木、桑树、水稻、养蚕等方面的八名专家和工作人员组成。这是卡斯特罗亲自邀请来的中国专家代表团，为此他本人倾注了很大的精力，甚至亲力亲为地安排日程、安排接待。在古期间，代表团食宿、交通都由古方负责，出行时还专门配备了警车开道。古巴外交部派了外长办公室主任埃米里奥·洛萨达大使和古共中央前政治局委员、芬莱研究所所长贡其达陪同。在短短几天内，专家们对辣木、桑树、水稻等作物的种植和生产进行了实地考察，还参观了农牧业生产合作社、蚕业技术开发基地、辣木饲料加工厂、药用植物种植场、农牧业多种技术中心等项目，为增进双方了解、开展两国相关合作掌握了许多第一手材料。

此前，卡斯特罗多次表示希望我陪同专家团访问，就这样我有幸全程陪同专家在古巴的活动，亲眼见证了卡斯特罗对中古合作的期待，也亲身感受到中国专家为促进两国合作不辞辛劳奔波在考察现场的责任感。

在这次考察中，我机缘巧合在卡斯特罗家下了一次厨房，成为我在古巴工作时一段独特的经历。

记忆篇

2011年11月,刘玉琴陪同中国农业部专家团在卡斯特罗家做客。

2006年重病缠身后,卡斯特罗基本深居简出,但他仍勤奋工作,不仅身体力行指导着古巴国内事务,还时常在家中会见来访的外国领导人和重要的外国代表团组。中国农业部专家团有幸应邀到卡斯特罗家做客,并享用了一顿丰盛的午餐。

那天下午两点左右,代表团一行和洛萨达主任、贡其达所长来到卡斯特罗坐落在哈瓦那市西部的住所。那是一座二层小楼,楼前有一个游泳池,不大的院落里生长着茂盛的辣木等花草树木。卡斯特罗和夫人达莉亚及他们的儿子安东尼奥、阿莱克斯和安赫尔在院子门口迎接我们,他们的另外两个儿子阿莱克西斯和阿莱杭德罗没有在家。

2004年10月卡斯特罗不慎摔倒导致左腿受伤后至今行动不便，但他仍陪同大家观看院子里种植的辣木，还边看边讲解，看得出他对辣木有相当的研究。

之后，我们跟随主人进了客厅。我们十来个人一进去，仿佛一下子填满了空间，客厅顿时显得拥挤起来。然而主人有条不紊地安排，使房间里充满温馨的气氛。

卡斯特罗坐在特制的高背椅子上，王鹰司长、翻译刘波和我坐在旁边，其他人环厅而坐。卡斯特罗与专家们开始交流，他询问了专家们对古巴考察的印象，并说，有感于世界许多地方缺粮的灾难，他委托芬莱研究所贡其达所长研究有哪些植物含高蛋白、生长期短，结果相中了辣木。辣木全身是宝，树叶、嫩茎可生吃也可制茶，还可做饲料等，营养价值非常高。他知道中国云南等地有辣木，所以请中国专家来帮助古巴研究辣木种植和辣木产品生产。这位85岁的老人侃侃而谈，完全忘记了自己的年龄和身体状况，字字句句都饱含着对国家对人民的深情。

我正在全神贯注地听着卡斯特罗和专家们的交谈，达莉亚悄然来到我身旁，小声对我说："昨天你们做的辣木汤现在能再做吗？"昨天我们在一个农牧业生产合作社考察时，社员们午餐时用美食热情款待了我们。代表团的辣木专家刘昌芬即兴做了两道辣木汤，一道是羊奶辣木花汤，一道是辣木叶汤，得到大家一致好评。我起身走到刘教授面前小声转达了达莉亚的愿望，刘教授欣然同意。但是她不懂西班牙语也不会英语，在座懂西语的只有代表团翻译刘波和使馆一秘崔为磊以及我本人。刘波和小崔正在翻译和记录，无法脱身，于是只剩下我这个"闲人"，我自然而然就成为刘教授的翻译，与她一起下了厨房——古巴革命领袖卡斯特罗家的厨房。

厨房不太大，大概有二十多平方米，工作台、灶台、冰箱及一些

2011年11月28日，古巴革命领袖卡斯特罗和夫人达莉亚应刘玉琴大使邀请到中国使馆做客。

厨具占了大部分空间，还有古巴厨师以及刘教授和我，这样一来，厨房就显得很挤了。刘教授做羊奶辣木花汤和辣木叶汤，我心血来潮自告奋勇地提出做辣木叶摊鸡蛋，就这样，我们开始工作了。安东尼奥和安赫尔怀着好奇心来到厨房看我们怎样做菜，他们成了我的好帮手。我很有权威地指挥着两个年轻人："安东尼奥，油！""安赫尔，盐！"我从未做过这么多人的菜，不免心里有点儿"发虚"，好在古巴厨师在旁边，我时不时地向他们讨教着。

卡斯特罗和夫人做东的午餐盛宴开始了，每位客人面前都摆上了一个打开了的折叠小方桌，不仅弥补了没有大餐桌的缺憾，也增添了平常人家的味道。古巴厨师的"正餐"已经"就位"，一道一道地上了前台，其中好几道都有辣木成分，比如凉拌辣木叶和圆白菜、辣木汁鸡翅。刘教授的两道辣木汤众人交口称赞，我的辣木叶摊鸡蛋也拿出手了。我还充当了一次"服务生",端着托盘给大家分我的"作品"。我转了一圈给每个人都分了一点儿摊鸡蛋,正想把剩余的菜送回厨房,只听有人叫我:"刘,我还没有呢!"我回头一看,只见达莉亚从卡斯特罗的高背椅子后面站起来,快步走到我跟前,端着盘子,让我给她夹了一块菜。

客厅小,座位不够,达莉亚尽心照顾着客人,没有入席,没有在前排就座,而是在卡斯特罗的椅子后面吃饭。她是那么自然,那么平和,仿佛是件很平常的事。她是古巴革命领袖的夫人,是主人啊!我心里非常感动。不仅如此,我在席间也没有看到卡斯特罗的儿子们,听说他们在厨房吃的饭。

卡斯特罗与大家边吃边聊,午餐的气氛非常轻松和谐热烈,就像家人聚会一样。时间飞速流逝,转眼已近下午六时,我们依依不舍地和主人告别,告别了这可敬可亲可爱的一家人。卡斯特罗和达莉亚亲自把我们送出大门,并在院门外与大家合影留念。对代表团的每个人来说,在卡斯特罗家做客都是终生难忘的美好记忆。

卡斯特罗只是在近年生病隐退后才开始在家里接待客人,因此去过卡斯特罗家的中国人不多,去过卡斯特罗家的中国大使也不多,而我则是唯一在卡斯特罗家下过厨房做过菜的中国大使,而且这个"纪录"将一直保持下去,再也不会被改变。

我所经历的中古建交

庞炳庵（新华社原副社长、驻哈瓦那分社首任记者）口述
谢文雄（中共中央党史和文献研究院副编审）整理

1960年9月28日，中华人民共和国与古巴共和国宣布正式建交，50多年过去了，当年中古建交的亲历者健在的已经不多了。我从1959年4月起随孔迈赴古巴采访，在那里工作和生活近七年，直到1965年12月离开哈瓦那回到新华社总社，是中古建交全过程的亲历者之一。作为一名新闻工作者，也是事件的记录者，我把这件重要外交事件过程讲述出来，以飨读者。

成立新中国在美洲国家第一家半官方机构

1958年8月，由中国对外文化协会副会长周而复率领的重庆杂技团数十人访问拉美国家，这实际上是一次对拉美的外交活动。我当时在广播局对外部西文组工作，因此被临时借调到杂技团工作。我们先后访问了巴西、阿根廷、乌拉圭和智利。1959年1月2日，我站在乌拉圭首都蒙得维的亚一家旅馆的阳台上，看到数以千计狂喜的拉美人在拉普拉塔河畔游行，庆祝古巴人民革命胜利。不久，随团的新华社记者孔迈接到总社的指示，要他立即前往古巴采访。由于革命胜利之初成立的古巴临时政府外交部部长阿格拉蒙特亲美，拒绝了我们的申请。后来我们

才知道，临时政府仅是古巴革命政权的外壳，真正掌握权力的是起义军。于是这年3月，趁古巴起义电台台长门多萨及起义军第一个女播音员卡萨尔访问智利之机，我们直接与他们取得联系，获准在古巴进行采访。为了更好地方便我们开展工作，智利大画家何塞·万徒勒里和乌拉圭共产党中央委员罗德里格斯特意先期抵达古巴，为我们作了安排。不久，我接到国内通知，临时调我随孔迈一起赴古巴，在新华社哈瓦那分社从事新闻报道工作（1959年12月初，我从广播局正式调入新华社）。

1959年4月12日，孔迈和我乘飞机离开智利，于第二天抵达哈瓦那。为了防止遭到海关的刁难，我们俩装扮成华侨商人入关。古巴人民社会党青年团负责人阿当随即把我们接到市内，住在圣约翰旅馆。当晚，万徒勒里陪我们拜访了住在华侨区的古巴大诗人尼古拉斯·纪廉，纪廉请我们到深巷里的小酒家吃古巴饭。我们一进去就看到饭店柜台上的标语牌上写着："土地改革一定要实行！"第二天，我们到街上采访，看到市民强烈要求实行土地改革的情景。4月15日，我们向国内发出了第一条新闻《古巴首都人民展开捐献运动支持土地改革》。我在稿件上写下了"【新华社哈瓦那15日电】"，这标志着新华社哈瓦那分社正式成立，这也是我国在美洲国家正式建立的第一家半官方机构。

孔迈是第一个到达革命胜利后的古巴的社会主义阵营的记者，因此我们得到了古巴方面的大力支持。时任《今日报》社长的卡洛斯·拉法尔·罗德里格斯为我们的工作提供了极大的方便，无论是工作还是生活方面都是如此，不仅给我们提供了一辆欧宝（OPEL）汽车，还派来一位司机。罗德里格斯是古巴人民社会党（即古共）政治局委员，曾代表古共进入山区，支持和协助卡斯特罗进行革命武装斗争。古巴革命胜利一段时间后，他成为卡斯特罗的主要智囊，后长期担任古巴国务院副主席。人民社会党总书记罗加经常到我们分社看望我们。1959年4月18日，著名古巴革命领导人之一切·格瓦拉欣然接受了我们的采访，畅谈了两个半小时。我们一方面积极与古巴方面开展广泛联系，另一方面对古巴做了充分的报道工作，给国内发了大量稿件，仅1959年发表的就有《初访格瓦拉》（4月19日）、《与诗人纪廉在一起》（4月）、《欢庆狂欢节》（4月21日）、《拿起革命的武器永不放下》（5月1日）、《暴君是怎样被推翻的》（5月）、《古巴政府通过土改法》（5月17日）、《古巴政府颁布土改法》（6月4日）、《7月17日那一天》（这天，临时政府总统被赶下台，彻底结束了临时政府是古巴革命外壳，起义军是革命内核的局面——口述者注）、《美国为什么要干涉古巴》（7月）等近15篇。其中1960年2月25日在《人民日报》上发表的《苦难的糖和不屈的砍刀》长篇通讯，受到周总理的表扬。新华社关于古巴革命的报道在世界舆论阵地上是独树一帜的。1960年1月，以邓岗为首的新华社代表团访问古巴，应格瓦拉的建议，新华社与古巴正在建设中的拉美社签订协议，决定为拉美社建立发射电台。

建交前夕两国间的友好往来

古巴革命胜利后，我国曾经在舆论和外交上给予大力支持。1959年1月25日，北京各界群众举行了支持古巴人民反帝斗争大会。毛主席一开始就高度评价古巴革命的领导者卡斯特罗，他在接见外宾时经常赞扬古巴革命，如他在接见一个非洲代表团时，称卡斯特罗是古巴的民族英雄，并认为古巴革命具有世界意义。他说：你们可能有人会说，南朝鲜、日本、土耳其离美国很远，因此这些国家的人民不怕美国，敢于起来反对它的走狗。但是，请你们看一看古巴。古巴在什么地方？离美国很近，飞机航行距离只要半小时。古巴人民原来是手无寸铁的，古巴的统治者巴蒂斯塔在几年中杀死古巴人两万之多。你们也可能说，中国是一个大国，人多。古巴可不是大国，只有六百多万人口，离美国那么近，巴蒂斯塔又杀死过两万人。但是，1956年11月，古巴的民族英雄菲德尔·卡斯特罗率领82人，从墨西哥坐了一只船，到古巴登陆。同政府军作战打了败仗，82人只剩下12个人，其中有菲德尔·卡斯特罗和他的弟弟劳尔·卡斯特罗。他们只好转入山区，开始游击战争，打了两年多，抢了许多枪炮，还抢了坦克，巴蒂斯塔只好跑了。你们看，古巴人民原来是手无寸铁，而巴蒂斯塔政权是武装到牙齿的，美国那么大的国家支持它，又离得那么近，但是人民团结起来就把巴蒂斯塔赶跑了。你们有没有人到古巴去过？如果没有人去过，我建议你们到古巴走一趟。这么个小国敢在美国身旁搞革命，所以研究古巴的经验很有必要，古巴的革命有世界意义。

1960年1月1日，毛主席应古巴《革命报》社长弗朗基的要求，以个人名义发出了祝贺古巴革命胜利一周年的贺电，这完全是史无前例的做法。1960年5月30日，毛主席致信卡斯特罗，信中对古巴革命给予高度评价：古巴人民的民族民主革命斗争，受到全世界人民的赞扬和尊敬。英雄的古巴人民，经过长期的艰苦奋斗，推翻了帝国主义走狗的反动独裁统治。在革命胜利以后，你们又英勇地抗击着美帝国主义的侵略和威胁，进行着符合广大人民群众利益和繁荣民族经济所必需的土地改革和其他改革。你们的每一个胜利，都沉重地打击了以美国为首的帝国主义反动势力。全世界争取和平和进步的人民，特别是拉丁美洲各国人民，从你们胜利的斗争中，大大增强了斗争勇气和胜利信心。信中表示：中国人民和我本人，一直非常关心您所领导的古巴人民革命斗争。长期生活在革命斗争中的中国人民，对于你们的斗争，感到特别亲切。相同的遭遇和共同的斗争，把我们两国人民紧紧地联系在一起。我们在反对美帝国主义的斗争中，是相互支持、相互鼓舞的。你们取得的每一个成就、进步和胜利，都使我们感到高兴。你们受到美帝国主义者的每一次侵略、轰炸和破坏，都使我们极其愤怒。中国人民和古巴人民是共患难的战友。我们将继续用自己的胜利斗争和一切力所能及的帮助，来支持你们的正义事业。

古巴革命胜利后不久，随着中国人民对古巴的了解加深，中古之间的民间、半官方乃至官方的代表团互访频繁。在古巴还成立了古中文化协会（古中友好协会的前身）。随着美国对古巴经济封锁加重，中古之间的经贸关系不断向前发展。1959年12月，中古两国签订了第一个贸易协定。1960年7月15日，两国关系迈出重要一步：中国政府派遣了以卢绪章为团长的贸易代表团访问古巴，双方于7月23日在哈瓦那签订了为期五年的贸易和支付协定、科学和技术合作协定以及文化合作协定，并宣布中国将每年从古巴购买食糖50万吨，而古巴除了向中国购买大米外，还将购买数十种古巴迫切需要的商品。这对古中双方有重要意义：一方面，一定程度上缓解了古巴的物资匮乏；另一方面，古巴也给中国以技术援助，如提供了建立完整的现代化炼油厂的技术资料，该技术一直被我国应用于大庆油田。

中古以特殊的方式建交

这段时期，古巴一直保持着与台湾国民党当局的所谓"外交关系"，并没有和中国建交，但两国的双边关系发展迅速，原因何在呢？这就涉及中古建交的特殊方式，我们尤其不能忘记姚臻在其中所作出的贡献。

1959年7月，中宣部副部长姚臻率领的中国新闻代表团访问古巴。22日，菲德尔·卡斯特罗在自由哈瓦那旅馆大厅举行外国记者招待会，中国代表团应邀出席，孔迈和我也参加了招待会，姚臻和卡斯特罗进行了简短而又巧妙的交谈。姚臻问卡斯特罗："敬爱的菲德尔·卡斯特罗同志，中国人民和亚非人民赞扬并且密切关注古巴革命的发展。古巴人民对中国人民和亚非人民的希望是什么呢？"卡斯特罗回答："我们支持世界各国人民争取掌握他们命运和实现他们愿望的斗争。中国人民和古巴人民在争取经济独立中有共同的需要，古巴大部分人民支持这种需要，我希望中国人民取得更大的成就。"第二天，古巴革命武装部部长劳尔·卡斯特罗私下接见了中国新闻代表团。他向姚臻提出：请转达中国，古巴目前还不能同台湾国民党当局"断交"，但是希望中国共产党和中国政府派一位负责干部先到古巴进行联系工作。在古巴将来赶走国民党当局"大使"之后，条件成熟时，就可以在古巴建立中国大使馆。

为什么当时古巴不能立即和台湾国民党当局"断交"呢？我认为，主要有以下几点原因：一是古巴方面内部有分歧。当时，古巴临时政府内部右翼的势力，尤其是反共的势力仍然很强大。就在中国新闻代表团访问古巴前夕的7月17日，古巴发生了人民群众逼迫临时政府总统、右派分子乌鲁蒂亚下台，政府改组的事件。其间，古巴空军司令竟然驾机逃往美国。第二个原因就是美国的因素。当时古巴起义军为了争取时间，巩固革命的成果，从策略上考虑，就要求尽量延迟与美国翻脸的时间。为此，他们要保持与台湾国民党当局的"外交关系"，不与"共产党国家"建交。

姚臻回国后，把这一情况向中央作了书面汇报。中央非常重视，毛主席在报告上批示：要派一个公使级的干部去。

在这种情况下，国内就开始物色可以派去古巴的人选。到了1959年10月，在上海市政府找到了两个比较适合的人：一个是张春桥，另一个是时任上海市政府秘书长、外事办副主任的曾涛（这是后来曾涛对我说的——口述者注），经研究最后定下来派曾涛去。1960年3月中旬，曾涛和俞成仁抵达古巴。曾涛当时的公开身份是新华社分社社长。他们到达古巴后，立即开展活动，为中古两国的交往做了不少工作，这就相当于在古巴国内有了一个非正式的中国官方代表团，中古两国建交也被

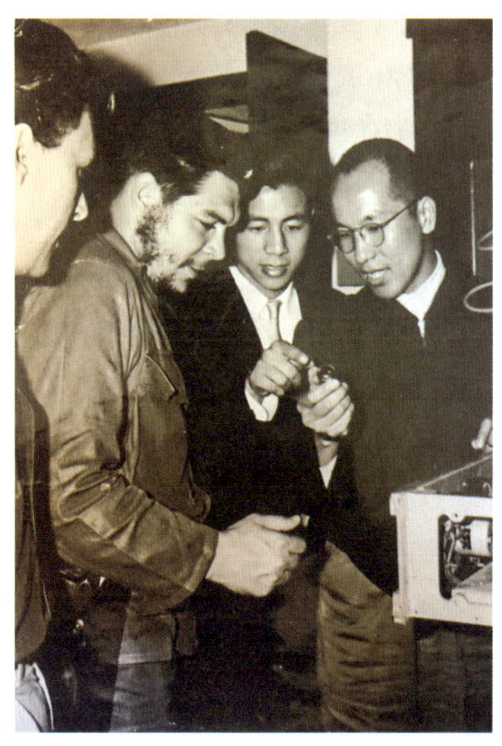

1960年,新华社为古巴国家通讯社拉美社援建一座电台,格瓦拉前去视察。右二是庞炳庵。

排上议事日程,只是还欠缺一个比较合适的时机。另外,还需双方商定采取一个比较合适的建交方式。不过很快,这个时机就来了。

1960年8月28日,美洲国家组织圣约瑟外长会议,在美国的指使下,通过一个针对古巴的宣言,宣称:因为中国和苏联都在与古巴发展关系,美洲大陆正在受到来自大陆以外的中国和苏联的"威胁",而泛美体系与任何形式的"极端主义"是不相容的,因此要求古巴遵守泛美体系的所谓"共同纪律"。

为了应对以美国为首的美洲国家组织的干涉,古巴政府决定于9月2日下午在哈瓦那革命广场召开古巴人民全国大会,孔迈和我作为新华社记者被邀请参加,并坐在离卡斯特罗讲话的讲台约四米远的地方。就是在这次大会上，卡斯特罗宣布：古巴政府立即与台湾国民党政府"断交"，与中华人民共和国建立外交关系。散会后，我用西班牙文把会议的盛况发往国内，标题是《古巴百万人大会宣布与中国建交》，描写了当时会议召开的过程：一百万古巴人民今天下午怀着愤怒的心情在这里的革命广场举行了支持革命、反对外国侵略的古巴人民全国大会，强烈谴责美国强迫美洲国家组织通过干涉古巴的决议。大会同时在它通过的《哈瓦那宣言》决定：古巴立即断绝同蒋介石集团之间的一切关系，并且同中华人民共和国建立外交关系。

今天的集会是对美国控制的美洲国家组织圣约瑟外长会议的直接回答，这次外长会议通过了臭名远扬的反对古巴和污蔑苏联、中国的《圣约瑟宣言》。

参加人民集会的有来自全国各地的工人、农民、民兵和其他各界人民。群众愤怒地高呼："打倒美帝国主义！""打倒《圣约瑟宣言》！""古巴同社会主义国家之间的关系万岁！""拉丁美洲的团结和友谊万岁！"在会上宣读了世界各国人民声援古巴人民的电报，其中包括中国人民保卫世界和平委员会和中华全国总工会的电报。这些电报博得群众暴风雨般的掌声。

古巴总理卡斯特罗在会上发表了长篇讲话。卡斯特罗在讲话中重申古巴政府接受早先苏联宣布的万一古巴遭到侵略时愿对古巴提供的援助。卡斯特罗还庄严宣布："假如中华人民共和国也愿意在古巴遭到美帝国主义侵略时援助我们，古巴也接受中国的援助。"他当即宣布：从现在起，古巴断绝它同蒋介石集团之间的一切关系，并且要求人们决定是否同中华人民共和国建立外交关系。这时，全场群众发出了暴风雨般的呼声："同意！同意！"工人、农民把他们的帽子和宽边草帽掷向天空，表示热烈拥护卡斯特罗宣布的这个决定。

卡斯特罗总理谴责美国召开圣约瑟外长会议时企图使美国对古巴的

干涉合法化。他说,参加外长会议的各国代表并不代表他们本国的人民,如果他们果真代表人民的话,"那么他们绝不会宣布去反对一个美洲国家人民的利益,去反对所有兄弟国家的人民"。卡斯特罗总理当着百万群众的面,立即把《圣约瑟宣言》撕成碎片。

卡斯特罗总理在人民大会上说,美帝国主义是"我国发展和进步的主要敌人"。他对群众说,我们今天提交人民考虑,是应该保持还是废除1952年3月7日古巴与美国签订的军事条约。群众当即高呼"废除"。于是他宣布:"根据古巴人民独立自主的意志,废除古巴和美国间的条约。"他警告说,如果美国继续侵略古巴,他将再次召开这样的集会,并要求美国撤出在古巴的关塔那摩基地。卡斯特罗在群众的热烈欢呼声中还宣读并由大会通过强烈谴责美国侵略政策的《哈瓦那宣言》,宣布同中华人民共和国正式建立外交关系,并立即断绝同蒋介石集团的一切关系。当卡斯特罗提出每一项建议时,群众不断发出"同意!同意!"的欢呼声。

曾涛在其《外交生涯十七年》一书中也回忆了当时的情景:9月2日一大早,我和邹斯颐一起到了大会的会场西维卡广场(后来改名为革命广场),礼宾司官员安排我坐在主席台的第一排,前面就是讲台。人们从四面八方涌向广场,不多久,整个广场就挤满了人。宣布开会后,菲德尔·卡斯特罗讲话,主要内容是批驳美帝国主义操纵在哥斯达黎加召开的第七次美洲国家外长会议8月28日所通过的《圣约瑟宣言》。这个宣言攻击古巴革命,干涉古巴内政,而且还攻击了苏联和中华人民共和国对古巴的支持。菲德尔·卡斯特罗逐点批驳了宣言的内容。当他强烈谴责美帝国主义时,会场上"要古巴,不要美国佬"的口号响彻云霄。在他驳斥宣言中对苏联和中国的污蔑后,忽然大声地对到会的人们说:"古巴政府提请古巴人民考虑,是否愿意古巴和中华人民共和国建立外交关系?"会场上近百万人举起双手,以雷鸣般的吼声回答说:"同意!同意!"于是卡斯特罗宣布:"中国的代表已经在这儿了。"说着,他走到我身边，把我拉到讲台旁，握着我的手高高举起，向全场群众高声说："从现在起，断绝古巴同蒋介石傀儡政权的外交关系，让台湾的代表马上离开古巴！"这时，广场上欢呼声震耳欲聋，人们高呼"中国！中国！"各种帽子在广场上空飞舞，持续了好几分钟，这种情景使在场的中国人都十分感动，我是终生难忘的。在主席台上，好几位古巴部长和外交部的官员都含笑过来和我握手，向我祝贺。已故的起义军总参谋长西恩富戈斯的父亲马丁·西恩富戈斯含着眼泪高兴地对我说："很久以来我们就等着这一天的到来……"我向他们表示感谢，也向他们祝贺。

不过，就曾涛回忆的以上内容，在孔迈同志去世前，我和他曾经深谈过，孔迈表示没有这个印象。此外，记得我们发回消息之后，立即前往曾涛住的旅馆，向他汇报。前些天，我向黄志良核实了此事，他证实：当时在革命广场主席台听卡斯特罗讲话的只有我们四个中国人，即孔迈、邹斯颐（时任中国驻古巴经济代表团主任）、黄志良（邹斯颐的翻译）和我。

与此同时，我还发稿详细介绍了《哈瓦那宣言》的内容：宣言首先谴责所谓的《圣约瑟宣言》是一个"侵犯大陆各兄弟人民的民族自决权、主权和尊严的文件"。宣言接着说，"古巴人民全国大会强烈谴责美帝国主义一个多世纪以来对拉丁美洲各国人民的明目张胆的罪恶干涉"。宣言说，拉丁美洲人民"面对美帝国主义贪得无厌的掠夺，失去了像得克萨斯那样大片富饶的土地，失去了像巴拿马运河这样重要的战略中心，失去了像波多黎各这样被占领的整个国家"。

宣言说，美国的干涉——依靠军事优势、不平等条约和卖国统治者可怜的顺从，使美洲一百多年来沦为被剥削的地区，沦为美国政治金融帝国的后院和国际机构中的举手机器。宣言说，如果拉丁美洲各国政府接受这种干涉，就是背叛了它们本国人民的独立理想。因此，古巴人民全国大会宣布，对美国的干涉加以谴责。

1962年古巴导弹危机期间，庞炳庵在前线采访。

宣言说，古巴人民全国大会同时谴责保持门罗主义的企图。

宣言说，为了对抗虚伪的泛美主义，古巴人民全国大会宣布何塞·马蒂和贝尼托·胡亚雷斯所主张的解放的拉丁美洲主义。

宣言说，古巴人民全国大会批准它同全世界人民建立友好关系的政策，同样重申它将同一切社会主义国家建立外交关系的意愿。并称，从现在起，古巴政府运用它的主权和自由意志，向中华人民共和国表示愿意在两国之间建立外交关系，并断绝它到今天为止还和台湾的傀儡政权保持着的关系。

宣言谴责美国所谓来自苏联和中国的"干涉"和"威胁"。宣言说，美国政府好战的、侵略的以及一贯拒绝中华人民共和国进入联合国的态度，的确威胁着本半球和世界的和平与安全。

　　……………

　　1991年7月，罗德里格斯副主席访华。因为孔迈和我在古巴时与他有非常亲密的关系，我们经常交换在国际问题等方面的看法，他还向孔迈了解抗大教育的经验，所以他一到北京就提出要会见我们二人。7月4日，在钓鱼台18号楼，我们见了面。在这次会见中，罗德里格斯给我们讲述了《哈瓦那宣言》出台的内幕：《哈瓦那宣言》是卡斯特罗请他主持起草的，是卡斯特罗提出来要把古中建交写进《哈瓦那宣言》并突出这件事情的。当时他们决定在事前要绝对保密，以便在大会上突然宣布这一决定后产生更大的反响。他的话使我想起一件事：当年古巴召开百万人大会前夕，即1960年9月1日，孔迈和我去《今日报》，向副社长比沃了解大会的相关情况。他对我们说："明天将会发生一件对你们来说很重要的事。"由于曾涛住的地方离我们比较远，我们没有来得及告诉他此事。

　　会后的第二天，我们就到哈瓦那的富人区Miramar，也就是台湾国民党当局驻古巴"大使馆"所在地。当我们到院子门口时，发现国民党当局的"使馆人员"正在烧文件，院子上空正在冒烟。

　　曾涛与古巴副外长商谈好建交事宜后，9月28日，中国与古巴发表了《中华人民共和国和古巴共和国建立外交关系的联合公报》。第二天，周总理亲自发来电报表示祝贺。12月23日，中国驻古巴第一任大使申健抵达哈瓦那，我们陪同格瓦拉到机场迎接。申健所乘飞机还差点儿出了事：当天哈瓦那大雾，飞机降不下来，一度朝美国方向飞去，申健曾经在美国工作过，保密意识非常强，担心飞机降落在美国，于是就把文件都销毁了，所幸最终飞机还是安全降落在哈瓦那机场。申健下飞机之后，格瓦拉与他拥抱。从此，中国与古巴开始了友好互利合作。

人文篇

> 孙光英：寻访卡斯特罗的革命足迹
> 徐世澄：我和古巴的情缘
> 王治权：古巴，古巴！
> 寇顺超：追寻老卡的足迹
> 霍曜飞：古巴就是大写的艺术
> 弗洛拉·邝：与时间携手并进

中国和古巴的故事

寻访卡斯特罗的革命足迹

孙光英（新华社哈瓦那分社前首席记者）

2001年1月，我作为新华社记者，在即将结束在古巴四年任期之际，在古巴有关方面的安排下，去古巴东部地区采访，寻访卡斯特罗早年的革命足迹。

蒙卡达兵营：这里打响了古巴革命的第一枪

我们到达的第一站是古巴第二大城市圣地亚哥，这里是古巴革命的发源地。1953年7月26日，菲德尔·卡斯特罗率领一批爱国青年攻打巴蒂斯塔政权在这里的军事要塞——蒙卡达兵营，打响了古巴革命的第一枪。

1月12日，我们从郊外的宾馆驱车前往位于圣地亚哥东北部的蒙卡达兵营。在市郊的简易公路上，我发现每隔不远就竖有一座石碑。陪同的向导告诉我们，这些石碑是古巴革命胜利后立的，每座碑上都刻有一位当年攻打蒙卡达兵营时在这里牺牲的烈士的名字。

我们来到蒙卡达兵营的所在地。昔日的政府军兵营已经变成了"七二六"学校城。学校城的一侧设有攻打蒙卡达兵营纪念馆。在大门外，我看到浅黄颜色的高墙上还有当年激烈战斗留下的密密麻麻的弹孔。

孙光英（左）和菲德尔·卡斯特罗（右）。

纪念馆的讲解员向我们介绍了当年起义者攻打蒙卡达兵营的情景。

蒙卡达兵营当时驻有 1500 多名装备精良的政府军士兵。1952 年 3 月，独裁者巴蒂斯塔发动政变，夺取了政权。1953 年初，年仅 26 岁的年轻律师卡斯特罗决定发动武装起义，推翻巴蒂斯塔政权。他们的计划是攻打两个政府军兵营——位于圣地亚哥的蒙卡达兵营和位于巴亚莫的卡洛斯·曼努埃尔·德塞斯佩德斯兵营。7 月 26 日凌晨，130 多名起义者身着政府军制服，趁着星期天和当地正在举办传统的狂欢节兵营守备松懈之机，发动攻击。他们分成三部分：第一部分由菲德尔·卡斯特罗率领，攻打蒙卡达兵营的碉堡；其余两部分分别由起义军的第二领导人阿维尔·圣塔玛利亚和劳尔·卡斯特罗率领。任务是占领军营旁边的两个重要建筑物——市民医院和法院大楼。卡斯特罗领导的小组按预定计划解除了三号岗哨的武装。但是，在发起进攻前，突然出现了政府军的一支巡逻队，起义者队伍中有人提前开了一枪，惊动了兵营守军。政府军紧急出动，战斗在军营外进行。由于敌强我弱，起义者完全处于劣势，攻打蒙卡达兵营的行动遭到了失败。卡斯特罗和 70 多名参加袭击行动的革命者被捕，后来大部分被杀害。

我看到，在纪念馆一个个展室的墙上悬挂着革命者浴血斗争的照片，中间陈列着起义军使用过的枪支和用品。我驻足在一幅两位年轻女战士的照片前，一位是女英雄梅尔瓦·埃尔南德斯，另一位是艾伊德·圣塔玛利亚，后者是起义军领导人阿维尔·圣塔玛利亚的妹妹。率领起义者攻打市立医院的阿维尔被俘后，敌人残忍地挖掉了他的一只眼睛，并且拿着这只血淋淋的眼睛来到关押艾伊德的牢房，对她说："如果你不说出你哥哥不肯说出的东西，我们就把他的另一只眼也挖掉。"悲痛欲绝的艾伊德大义凛然地回答说："如果你们把他的一只眼睛挖掉他都没有说，想让我说，更是妄想！"卡斯特罗兄弟被捕后和他们的战友先后被送到远离首都的松树岛，被关进了国家监狱。在法庭上，身为律师的菲德尔·卡斯特罗发表了著名的自我辩护词《历史将宣判我无罪》。这一演说随后流传到世界各地，在中国也广为人知。卡斯特罗最终被判处15年徒刑。他的弟弟劳尔被判13年徒刑。

由于古巴国内反独裁斗争风起云涌，在人民的强烈反对下，巴蒂斯塔政权只好宣布大赦。1955年5月，卡斯特罗和其他参加袭击蒙卡达兵营的革命者都获得了自由。出狱后，卡斯特罗组织了以攻打蒙卡达兵营的日子命名的革命组织"七二六运动"，几经周折，走进马埃斯特腊山区，在那里进行了历时三年多的游击战争。1959年1月，他领导的起义军推翻了巴蒂斯塔独裁政权，取得了古巴革命的胜利。

走进马埃斯特腊山

对于外界来说，马埃斯特腊山——古巴领袖卡斯特罗半个世纪前领导游击战的地方，一直具有神秘色彩。2001年1月，我在古巴东部地区采访的过程中，走进马埃斯特腊山，到了卡斯特罗当年指挥游击战争的起义军总司令部。

马埃斯特腊山位于古巴的东南部，曾经是1868年爆发的独立战争的策源地。1895年开始的第二次独立战争，何塞·马蒂和戈麦斯将军率领远征军从多米尼加出发，也是在马埃斯特腊山附近的普拉伊达斯登陆的。古巴反独裁斗争中的许多领导人也都来自那里。具有光荣历史的马埃斯特腊山是古巴革命的摇篮和胜利的起点。

卡斯特罗领导的起义军总司令部设在马埃斯特腊山脉的拉普拉塔山区，山下有条河叫拉普拉塔河，拉普拉塔在西班牙文中是"银子"的意思。拉普拉塔在古巴革命历史上具有重要地位，因此在古巴人的心目中也就具有特殊的意义。

那天，我们一大早就从圣地亚哥出发了。上路前向导一再提醒我们要带上最为有效的证件，因为拉普拉塔目前还没有对外开放，仍然是个禁区。汽车沿着曲曲弯弯的盘山公路向上行驶了17公里，最后来到一个叫圣多明各的小镇。这里是进入拉普拉塔的入口。两道红白相间的巨大横杆拦住了通往山上的路。镇上共有居民500来户。路旁的商店出售着各种手工艺品和介绍古巴革命的书籍和图片。据介绍，为了发展旅游，拉普拉塔准备对外开放，接待游客，目前正在筹备之中。

向导拿了我的记者证到接待办公室联系去了。他回来的时候，带来了一个肤色黝黑的年轻人，名叫奥斯卡，由他带领我们上山。我们坐上汽车，继续前行。但没过多久，汽车再次停了下来，前面没有路了。我们只能弃车步行。奥斯卡介绍说，上山的路上乱石嶙峋，相当难走，当年游击队的给养和武器都是靠毛驴驮上山的。

我们沿着崎岖的山路向上攀爬了半个来小时，前面终于出现了一座高大的木房子。这是通往司令部的第一道哨卡。走进屋内，里面宽大而空旷。正面墙上挂着格瓦拉像，下面是古巴国旗和"七二六运动"的旗帜，左面一张长桌上摆着留言簿。过去，凡是想到司令部见卡斯特罗的人首先要经过此地，由这里向上报告，得到准许后才能放行。据哨卡工作人员说，我是继美国记者赫伯特·马修斯之后进入马埃斯特腊山的极少数外国记者之一。1957年2月，《纽约时报》记者马修斯曾经到马埃斯特腊山采访卡斯特罗和他的游击队，那里发生的一切给他留下了深刻的印象。下山后，马修斯撰写了在马埃斯特腊山的采访文章，向世界报道了卡斯特罗和他领导的古巴革命。他在文章中说："这位年轻的起义军领袖还活着，在古巴南端崎岖的马埃斯特腊山区成功地进行战斗。"马修斯的文章在《纽约时报》上发表后，在美国产生了相当大的影响。在古巴，这一特大新闻迅速传遍全国各地，使革命者和人民受到极大鼓舞，给巴蒂斯塔和政府军以有力的打击。

1957年4月下旬，又有两名美国记者访问了起义军，其中一个还带有电视摄影机。两位记者摄制的影片《古巴丛林战士的故事》在美国电视上放映了。这部影片又一次以活生生的事实证实了卡斯特罗依然战斗在东部丛林中。这些关于卡斯特罗和游击战士的报道，大大鼓舞了古巴革命者反对独裁统治的决心，同时向世界宣传了古巴革命，卡斯特罗从此成为闻名世界的传奇英雄。

我们继续向上攀行，来到了第二个哨卡。当年，来访者到了那里还得再次向上报告，得到许可，方可上去，否则还得回头下山。奥斯卡说，采取这些措施是为了确保司令部的绝对安全。

在离开这座房子之前，奥斯卡提醒我们把照相机留下，说再往上走就不让拍照了。在山林中继续攀登了大约半个小时，眼前又出现了一座木屋。这是一个陈列室，里面有一些展示卡斯特罗当年指挥游击战争的图片和实物，其中包括起义军第一阵线的军事分布立体图、制作军装用的缝纫机和撰写第一部土改法的打字机等。

出了陈列室，又往上走了 20 多分钟，终于到了司令部所在处。这里实际上只是一座茅草屋，里面空空如也。站在这小小的茅屋前，我眼前仿佛再现了卡斯特罗领导起义军的战士们辗转在马埃斯特腊山间，与独裁政权的军队进行游击战的历史场景。

1953 年 7 月 26 日，卡斯特罗率领一群革命青年攻打蒙卡达兵营，由于寡不敌众，遭到失败，被捕入狱。在国内民众反独裁的巨大压力下，1955 年 5 月 15 日，兄弟二人以及其他被关押的起义者被大赦释放。随后，卡斯特罗流亡墨西哥，在那里开展新的革命活动，积蓄力量，为回国发动武装斗争做准备。他们在人地生疏的极端困难条件下，广泛联络，物色成员，扩大队伍，组织"训练营"。同时，千方百计募集经费，购买武器弹药、粮食和药品。在那里，卡斯特罗结识了格瓦拉。这位年轻的阿根廷医生从此投身古巴革命，后来成了闻名世界的传奇英雄。

经过精心策划和准备，1956 年 11 月 24 日深夜，卡斯特罗和他的战友登上"格拉玛号"游艇，从墨西哥港口出发，返回古巴。12 月 2 日凌晨，他们在同风浪搏斗了七天七夜之后，终于回到古巴。12 月中旬，卡斯特罗在当地农民的带领下，登上了马埃斯特腊山。这时，原有 82 人的远征军只剩下 12 人了。这 12 个人的队伍就是最初的古巴革命起义军。

1957 年初，卡斯特罗率领起义军进入马埃斯特腊山。1 月 17 日，游击队在拉普拉塔打了第一个胜仗，一支只有 32 人、22 件武器和很少弹药的游击队袭击了拉普拉塔河出口处的一个政府军兵营，打死打伤多名守军，缴获了一批枪支弹药。这是起义军第一次打败人数比他们多、武器精良的敌人。

向导告诉我们，当时选择拉普拉塔作为起义军总部所在地是因为其地势险峻，难以接近，同时又有周围老百姓的支持。指挥部设在丛林覆盖的大山里，周围七八公里之内都有埋伏的起义军士兵。尽管政府军的地面部队不停地搜山，飞机也不停地在空中盘旋，但是卡斯特罗的司令部从来没有被发现过。

在司令部附近的丛林里共有15处房屋，其中包括起义军的广播电台、医院、武器库、制作军服的车间、面包房等。还有一个牙医诊所，格瓦拉曾是诊所里的医生，由于他在战争中显示的卓越才能，后来被卡斯特罗任命为起义军的一位司令，成为古巴革命的杰出领导人。

在人民群众的支持下，马埃斯特腊山的游击队不断发展壮大。1958年5月，卡斯特罗率领的队伍下山攻打了古巴第二大城市圣地亚哥。古巴革命胜利后，卡斯特罗虽然离开了拉普拉塔地区，但是对那里一直怀有特殊的感情。他说过："拉普拉塔对于我们来说是一个至亲至爱的地方，决定性的战斗都是在那里发生的。"

比兰：卡斯特罗的故乡

我在古巴东部采访期间，还访问了古巴人民的领袖菲德尔·卡斯特罗的故乡——比兰。

比兰位于古巴东部的奥尔金省，距古巴第二大城市圣地亚哥93公里。我们一大早就从圣地亚哥出发，汽车沿着平坦的中央公路向北开去，公路两旁是一望无际的甘蔗田。汽车行驶了约一小时，前面出现了一个高大的路标牌。陪同向导兴奋地告诉我们："到了，就是这里！"只见路标上大字写着"比兰"，下面是卡斯特罗语录："我们拥有并将坚持社会主义！"汽车沿着箭头所指的方向开去，在一片绿荫掩映的果木丛中，出现了一个村落。路边的蔗农告诉我们：那里就是卡斯特罗的故居。

卡斯特罗的父亲安赫尔过去是比兰的一个庄园主，革命胜利后，土地都收归国有，庄园也就不存在了。安赫尔是西班牙人，1895年古巴进行反对西班牙的第二次独立战争时期,他作为西班牙士兵被派到古巴作战。出于对古巴的好感,20世纪初,他作为移民再次来到古巴,在比兰定居。安赫尔聪明能干,刚来古巴时靠在美国人的糖厂里打工为生,后来逐渐发达,成了庄园主。他家拥有800公顷土地,另外还租种了1000多公顷土地和山林,除了种植甘蔗,还经营木材开发和畜牧业等。

我们走进比兰,只见一座高大的木制房子正在整修。我取出相机正打算拍照,一名身穿制服的警卫人员过来制止。向导向他解释说,这是中国记者,特地从哈瓦那前来访问。警卫坚决地说,未经上级批准,他无权放我们进去。正在为难之际,故居管理处负责人来了,听了我们的解释,他友好地说,比兰还没有对外开放,不过你们是中国同志,又是远道而来,就破例吧。接着他和在故居工作的历史学家拉菲尔一道热情地陪同我们参观。

拉菲尔带着我们来到卡斯特罗的家,向我们介绍了卡斯特罗出生的地方以及他和家人曾经住过的房子。所有的房子都是木制的,没有地基,而是支撑在一根根结实的木桩上。拉菲尔介绍说,这些房子都是西班牙加利西亚风格的,卡斯特罗的父亲安赫尔把他老家的建筑模式搬到了这里。

卡斯特罗父母居住的房子曾在1954年因火灾被烧毁,现在的房子是1973年重建的。由于房子正在整修,我们见到的只是它的外形。房屋是圆柱形的,有上下2层,底层有一条过道,一头据说曾有几个房间,有一个存放药品,旁边是卫生间,还有一个是食品储藏室。另一头是餐厅,后面是厨房。据拉菲尔介绍,庄园如同一个村落,设施很齐全,有面包坊、牛奶站、商店、诊所和药店,还有邮局和小学校。除了邮局和学校外,其余的都是卡斯特罗家的财产。庄园的设施大多已不存在了,正在整修,准备恢复原貌。

卡斯特罗出生于 1926 年 8 月 13 日。他曾经开玩笑地对记者说，看来他的生命与"26"这个数字有缘。他是 1926 年出生，26 岁那年开始从事武装斗争；他的生日 13 号，是 26 的一半；为了反对巴蒂斯塔独裁政权，他在 1953 年 7 月 26 日率众攻打蒙卡达兵营，后来成立了革命组织"七二六运动"。另外，他领导一批革命者 1956 年 12 月乘"格拉玛号"游艇在古巴登陆，在马埃斯特腊山开展游击斗争，56 从整数看是 30 加 26。

卡斯特罗的父亲结过两次婚，有七个孩子。母亲莉娜没有文化，是个虔诚的教徒。卡斯特罗的弟弟劳尔青年时代就同他一起闹革命，是古巴革命最早的领导人之一。2006 年，卡斯特罗因病接受手术，将职权交给劳尔，2008 年劳尔通过选举正式担任国务委员会主席，成为古巴最高领导人。他们的哥哥拉蒙年轻时帮助父亲经营庄园，革命胜利后一直在农业部门工作。

卡斯特罗后来在讲话中回忆说，他的父亲虽然富有，但是人很正直，对穷人充满同情心。他对手下的工人很好，从不歧视他们，总是尽量帮助他们。庄园里的设施虽说基本上都是卡斯特罗家的，但为庄园里所有的人提供服务。在他家的前面有一排教室，卡斯特罗家的孩子从小就在那里和庄园里其他孩子一起上课，一起玩耍。卡斯特罗兄弟经常钻进海地雇工的棚屋里和小伙伴们在一起玩，父亲从来没有限制他们和穷人家的孩子来往。

在庄园入口处的右侧，有一块小小的墓地，黑色的大理石下安葬着卡斯特罗的父母和其他已故家人。卡斯特罗的父亲安赫尔死于 1954 年，当时卡斯特罗因攻打蒙卡达兵营失败而被捕，没能参加父亲的葬礼。他父亲死前留下遗嘱，要把自己葬在比兰，因为那里是他的第二故乡，但当时他的愿望没能实现。1995 年，卡斯特罗兄弟商量，为了实现父亲的遗愿，把他的遗体迁葬到比兰庄园里。卡斯特罗的母亲莉娜死于

1963 年。在这块墓地里还安葬着卡斯特罗的祖父母、一个舅舅和一个姨妈。墓地前经常摆放着鲜花，故居管理人员说，这都是附近的村民们送来的，他们至今还怀念着卡斯特罗的父母和他们的家人。

卡斯特罗五岁时离开比兰，被父母送到圣地亚哥市读书。他在那里的教会学校读完小学和中学，后来到哈瓦那大学法律系读书，在那里他开始从事革命活动。

卡斯特罗在回忆自己的青少年时代时说："我们兄弟在童年和少年时代常有机会与那些贫苦人家的孩子在一起玩耍。从各方面说，他们都是我们的伙伴，是我们的朋友……长大以后，我常对童年时所看到的一切进行思考，儿时的印象和记忆使我对穷苦人有一种亲切和同情的感情。"

他在谈到家庭教育对于他的影响时说，一个人的道德观念不仅来自学校，来自老师，也来自家庭。他说："父母从小就教育我们不能撒谎，要分清是非，为人要正直。在我们整个生活中始终都有正义和非正义的思想观念。"

2016 年 11 月 25 日，菲德尔·卡斯特罗因病逝世，享年 90 岁。作为古巴人民的革命领袖，他的骨灰没有葬在故乡比兰的家庭墓地和他的已故父母在一起，而是安放在古巴第二大城市圣地亚哥市的圣伊菲热尼亚公墓，和古巴的民族英雄何塞·马蒂长眠在一起。

（2021 年 4 月）

我和古巴的情缘

徐世澄（中国社会科学院荣誉学部委员、拉美所研究员、博士生导师，中国察哈尔学会拉丁美洲研究中心主任）

2021年1月1日是古巴革命胜利62周年，我衷心祝愿古巴人民在古共中央第一书记劳尔·卡斯特罗和古巴国务委员会主席迪亚斯·卡内尔的领导下，在经济社会模式的更新和社会主义建设的道路上从胜利走向新的胜利！

57年前，1964年1月，当时我还是一个22岁的青年，我被中国教育部选送，作为古巴政府的公费生来到美丽的古巴，在哈瓦那大学文学历史学院进修。我们中国留学生和古巴的公费生一起住在公费生大楼。当时古巴革命刚胜利不久，百废俱兴。在古巴进修的三年中，我和其他中国留学生与古巴大学生一起，除了在学习上相互切磋外，还手持步枪、在大楼站岗放哨，因为我们的大楼就在海边。在古巴的三年，在甘蔗收割季节，我们手拿砍刀，曾三次到古巴农村甘蔗田去砍甘蔗，一次是在国营农场，一次是在合作社，一次是在小农的庄园里。

1964年10月，由于古美关系紧张，我与古巴学生一起参加军事动员，到古巴比那尔德里奥省山区的兵营里挖过三个星期的战壕。我也与同期其他中国留学生一起，曾乘上火车，周游了古巴全国各省。我本人还曾有幸参加了1966年初在哈瓦那举行的亚非拉三大洲会议，当时我注册的名字是Julio Hsu，在会上见到了来自亚非拉三大洲的许多著名人物。我曾在革命广场、哈瓦那大学和工业部等处，无数次聆听过菲德尔·卡斯特罗、切·格瓦拉等古巴革命领导人激动人心的演讲……青年

徐世澄（左）在古巴砍甘蔗。

时代在古巴的种种经历，至今仍历历在目、终生难忘。

20世纪90年代以来，应古巴马蒂研究中心、古巴科技部和古中友协等单位的邀请，我先后7次访问古巴，有机会拜会古巴革命的领袖菲德尔·卡斯特罗等一些领导人，走访了几个主要的部委，两次参加了有关古巴民族英雄、著名诗人和文学家何塞－马蒂及其他问题的国际研讨会，参观了工厂、合作社和农场、生物科学和医疗研究中心、大学、商店、农牧产品和手工业品自由市场，目睹并了解古巴人民先后在菲德尔·卡斯特罗、劳尔·卡斯特罗和迪亚斯－卡内尔领导下，如何坚持马列主义、坚持社会主义，克服美国封锁和苏联解体所造成的巨大困难，取得了举世瞩目的成就。

作为曾经接受过古巴革命教育的中国学者，在留学回国后，我和古巴的情缘一直没有中断。作为中国社科院拉美所的一名研究人员，古巴问题一直是我研究的重点之一。1999年我撰写了《冲撞：卡斯特

徐世澄（右一）会见古巴领袖卡斯特罗。

罗与美国总统》，2003年我又出版了《古巴》（"列国志"丛书之一），我先后将这两本书赠送给菲德尔·卡斯特罗主席，并有幸请他在我准备的另外两本书上签字。2008年，我撰写并出版了《卡斯特罗评传》，古巴驻华大使卡洛斯·米格尔·佩雷拉·费尔南德斯特意作序说："我们为这部著作出自古巴伟大的朋友徐世澄教授之手感到十分自豪。"2013年、2019年我先后出版了《古巴模式的"更新"与拉美左派的崛起》和《古巴经济和社会模式的更新》两本书。2020年我完成了《古巴和美国关系史纲》一书，可望在2021年正式出版。我还撰写了上百篇介绍古巴革命历史、古巴社会主义建设和模式更新成就的文章。

我先后翻译了《何塞·马蒂诗文选》《卡斯特罗语录》，古巴著名女作家玛尔塔·罗哈斯的《蒙卡达审判》和著名女作家卡秋斯卡·布兰科的《菲德尔·卡斯特罗·鲁斯时代的游击队员》《总司令的思考》，劳尔·卡斯特罗之子亚历杭德罗·卡斯特罗·埃斯平撰写的《恐怖的帝国》。我还参与翻译并担任总校对，把卡斯特罗接受法国记者伊格纳西奥·拉莫内100小时采访而成的《卡斯特罗访谈传记：我的一生》介绍给中文读者；参与翻译并总校对了我国学者毛相麟著的《古巴社会主义研究》一书，将其介绍给西班牙文世界，在两种语言世界的交流中扮演了桥梁角色。

2003年卡斯特罗主席访华时，古巴大使馆特意邀请我和几位前驻古巴大使和古巴的老朋友到古巴使馆会见卡斯特罗。2003年，我应邀到古巴参加国际研讨会，会上有幸见到菲德尔·卡斯特罗主席。2004年，我作为中国社科院代表团成员访问古巴，代表团受到菲德尔·卡斯特罗主席的热情接见。2009年6月，我荣获古巴拉丁社50周年贡献奖个人荣誉证书。2011年我荣获由古巴国务委员颁发的"友谊奖"和获奖证书，这是古巴政府对我从事古巴研究和翻译工作的肯定，也是对我的鼓励和鞭策。

我由衷地钦佩古巴人民不畏强暴、不怕艰险和坚强不屈的英雄主义精神，我为古巴人民所取得的每一项成就感到高兴。

（2021年2月18日）

古巴，古巴！

王治权（中国前驻古巴大使、前驻特立尼达和多巴哥大使、古巴"友谊勋章"获得者）

"美丽的哈瓦那，那里有我的家……可是我从来没有见过亲爱的妈妈……"将近六十年前那堂音乐课，老师声泪俱下，同学们热泪盈眶的画面，一直不时在脑海中闪现。纪念中古建交六十周年，千言万语竟不知如何述说……

石破天惊的古巴革命，特别是吉隆滩战役的胜利是那么使人震撼，传奇英雄卡斯特罗是那么令人崇敬。1964年我在四川省泸县二中高中毕业时报考了北京外国语学院西班牙语系并如愿以偿被录取。1970年底正式参加工作，很快就和英雄岛国有了接触，结下终生不解的情缘。

交往最多的国家

1970年底至1973年初，我在广州的国营外贸公司和广东省外贸局工作，三次被借调给海员俱乐部，接待到广州装载大米的古巴货轮的船员。古巴船员口音各异，第一次陪他们上岸活动时有些吃力。热情友好的小伙子们尽量改变他们"吃音"的习惯，耐心地一字一句重复。多次"实战"之后，我的听力有所提高，也通过聊天对神往已久的加勒比明珠有了一点了解。1973年初我调入国家对外贸易部，跟着老同志们参加同古巴代表团的谈判，经常为到有关公司洽谈业务的古方人员做翻译，对古巴的了解又多了一点。

20世纪60年代至70年代初，古巴一直是中国在拉美的最大贸易伙伴。后来中阿贸易、中巴贸易、中智贸易和中秘贸易等迅速超过了中古贸易，但古巴仍然不失为中国在拉美的重要贸易伙伴。本人有幸参与和见证了中古经贸合作发展的一段进程。1988年外经贸部郑拓彬部长访问古巴，中古建立部长级政府经贸混委会。作为代表团的翻译，通过四天的会谈和参观，我对古巴有了一定的感性认识。从1991年起，至2001年7月我被任命为驻古巴大使之前，作为外经贸部美洲大洋洲司的副司长、司长，我随团或率团访问过许多拉美和加勒比国家，去得最多的就是古巴，曾创下十二个月内五次到古巴的纪录。连续十年担任中古部长级经贸混委会中方代表团秘书长，先后陪同担任团长并与古方共同主持混委会会议的国务院副秘书长何椿霖、国家计委副主任郝建秀，外经贸部部长吴仪、石广生访问古巴。还作为工作人员随江泽民主席、李岚清副总理访问过古巴。在古巴任大使期间接待过李鹏委员长、政治局常委李长春同志。日程紧张繁忙，但活动中总有不少令人回味无穷的故事。

1996年6月8日晚，古方在国宾馆为吴仪部长举行招待会，宾主畅谈了一个多小时正要开始品尝佳肴之际，身着军便服的卡斯特罗主席大踏步走进宴会厅，笑容可掬地弯腰和吴仪部长亲切握手，认真地询问，留心地倾听，不时露出慈祥的笑容。一个多小时不知不觉匆匆而过。我突然意识到他们是在站着进行谈话，正要建议卡斯特罗主席坐下时，他双手扶着吴部长的肩膀说："……你同老虎谈判而不落下风，了不起！"吴仪部长说："面对强权政治，要敢于虎口拔牙！"卡斯特罗主席发出一阵爽朗的笑声。招待会在轻松愉快的气氛中又继续进行了一个多小时。1997年5月12日晚，刘培根大使为李岚清副总理访古举行宴会时，卡斯特罗主席同李副总理及陪同访问的几位副部长像拉家常似的长谈。他问中国农业部副部长刘成果：小麦一公顷的产量是多少？一公顷有多少个麦穗？刘副部长不假思索地作了回答，还应询介绍说猪在屠宰之前归农业部管，屠宰之后归商业部管，农业部管着大概多少头猪、多少只老鼠。卡斯特罗主席笑得合不拢嘴，对大家说：中国经济发展迅速理所当然，主管农业的副部长对一公顷地有多少麦穗，全国有多少猪、多少老鼠都知道。

尤其值得一提的是，1993年11月21日至22日，江泽民主席对古巴进行了短暂而卓有成效的访问。这是中国国家元首首次踏上加勒比海的这方热土，而且是在一个极其特殊的时间节点：古巴长期遭受美国的封锁，雪上加霜的是，1989年苏联解体和随后的东欧剧变，使古巴失去85%以上的市场和经济援助来源，1990—1993年经济下滑35%，仅1993年的减幅即达14.9%。国际上似乎都不看好古巴，江主席是1993年访问古巴的唯一国家元首。卡斯特罗主席亲自为江主席佩上古巴最高荣誉勋章"何塞·马蒂"勋章。这次重要访问之后，双边经贸、科技等各个领域的合作逐步进入了一个快速发展时期。古巴领导人和各层级官员都多次动情地向我提及这次历史性访问。

出使古巴期间难以忘怀的往事

2001年7月6日，我作为候任大使到达古巴，7月12日向古巴国务委员会副主席阿尔梅达递交国书，成为中国驻古巴的第十三任大使。在此之前，我已数十次到过古巴，十次见到卡斯特罗主席，认识了大部分古方领导人。熟悉的环境、热情友好的工作对象，使我在古巴的近千个日日夜夜十分愉快。我和全馆同事一起，努力浇灌着中古友谊之树。多少刻骨铭心的画面，多少愉快的瞬间，多少熟悉的脸庞啊！

1. 近距离接触铁骨柔情的兄弟领袖

递交国书的第二天晚上，我正在使馆举行宴会招待古军总参谋长洛佩斯上将和我国军事代表团时，卡斯特罗主席给我打电话，热烈祝贺我国申奥成功，表示古巴愿尽一切努力配合中国举办一届最成功的奥运会，衷心预祝中国取得优异成绩，并表示他本人将尽一切努力支持我在古巴顺利开展工作。

2001年10月14日晚，我在使馆宴请一位古方领导人，卡斯特罗主席临时决定也要出席并准时到达。宴会结束，在会客室喝茶时，卡斯特罗主席兴致勃勃地向我了解中国的农业情况，具体询问联产承包责任制、人均粮食消费量、机械化程度等等。当我应询回答了世界、中国、美国大豆的产量时，他马上让随行秘书翻开他随身携带的大字参考材料核对，对我的口头答卷表示肯定。我正在飞快地回忆一些经济贸易数字准备再接受随机考试时，谈兴甚浓的卡斯特罗主席突然话题一转，聊起了文化。他让我写了汉字"龙"的繁体和简体，又让使馆政务参赞写了"罗"字的繁体和简体。我借此机会向他赠送了特意准备的书法精品《青松》。陈毅元帅那首令人荡气回肠的《青松》，我觉得借以赞美顶天立地的卡斯特罗主席和英雄的古巴是很理想的，赴任前恳请大书法家申万胜将军挥毫写了这幅行楷。我大致翻译了诗句，讲了陈毅元帅1960年12月写这首诗的背景：1960年冬天是中国在1949年获得新生之后最困难的日子，自然灾害十分严重，外来威胁如美国和其他西方国家的封锁等，大有黑云压城之势。但中国人民在毛泽东主席和中国共产党领导下，挺住了。卡斯特罗主席全神贯注地听着，肃穆地频频颔首。接着，他又让我和夫人栗建华各念了一遍中文，他侧耳倾听，若有所思。少顷，毫无倦意的卡斯特罗主席绘声绘色地给我们讲了两个十分有趣的小故事：

早些年的一个春节之前,他让物资部门给中国使馆送了一头100多公斤的大肥猪。使馆厨师杀猪时一刀没杀死,受伤的猪嚎叫着满院子乱跑,左邻右舍兴高采烈地围观,动静闹得很大。革命宫派了一个警卫班到使馆帮助解决问题。从那以后,给使馆送猪送火鸡都是先屠宰了再送。

20世纪80年代初,哈瓦那新建了动物园。1983年,在搬运一头巨大的犀牛时,大卡车拐弯把犀牛甩了出去,砸坏一辆菲亚特(FIAT)车的引擎盖后,犀牛在街上狂奔。为避免犀牛伤人,军队动用了几十辆卡车将犀牛逼进一个学校的操场围了起来。卡斯特罗突然动了亲自动手的念头,接过麻醉枪向犀牛瞄准,黑压压的人群兴奋地呐喊助威,把学校变成了一片欢乐的海洋。第一枪打在犀牛厚厚的铠甲上,毫发未伤。他屏住呼吸瞄准犀牛前腿根相对柔软的夹缝射出了第二颗麻醉弹,犀牛向前窜了十多米后倒下了……军民们见证"总司令"在城里"打猎",

2001年10月14日(古巴时间,照片上是相机的北京时间),谈笑风生的轻松愉快时刻。

2001年10月14日(古巴时间),王治权向卡斯特罗主席赠送申万胜将军的书法作品《青松》。

大饱眼福,但犀牛运到新动物园后没有醒过来,因为麻醉师装第二发子弹时过于紧张,麻药过量了……

让"山姆大叔"数十年寝食难安的古巴领袖,此时完全沉浸在愉快的回忆中,不断大笑,有时还孩子似的双手击案。

2001年11月3日至7日,李鹏委员长访问古巴,正值古巴遭逢五十年以来最强飓风"米歇尔"。3日中午,专机提前一个小时在狂风中平安降落在哈瓦那国际机场,欢迎仪式刚一结束即飞往古巴东部城市圣地亚哥避风。代表团下榻的国家饭店,临海的窗户都用五合板封闭加固。卡斯特罗主席决定将次日的会谈改在饭店内进行,他本人也入住饭

2003年10月1日,卡斯特罗主席和埃斯平同王治权、栗建华合影。

2003年10月1日,卡斯特罗主席和长子"小菲德尔"(前排右一)在中国国庆招待会上。

店,确保李鹏委员长和代表团的安全。狂风暴雨将不少街道两旁的风景树连根拔起,暴雨如注,交通完全中断。李鹏委员长和古巴人大主席阿拉尔孔的会谈、和卡斯特罗主席的前两次会谈都在饭店里进行。飓风离境后,卡斯特罗主席6日在革命宫和李鹏委员长进行第三次会谈并设宴款待。参观哈瓦那老城时,李鹏委员长对我说,1995 年他从墨西哥前往秘鲁时经停古巴,卡斯特罗主席到机场和他会谈,他没出机场。这次他正式访问古巴,差点没出饭店。但古巴人民的艰苦卓绝和卡斯特罗主席的英雄气概与领袖魅力他都深有感受。

2003 年 2 月 26 日至 3 月 1 日,卡斯特罗主席第二次,也是最后一次访问我国。江泽民主席、胡锦涛副主席等党和国家领导人同卡斯特罗主席进行了卓有成效的会谈,中古双方签署了一系列重要文件。江泽民主席亲自陪同卡斯特罗主席到南京、上海参观访问。两位主席兴味盎然地参观了坐落在南京的熊猫电子集团总部及厂区和上海的浦东新区等地。在上海机场两位主席依依惜别,我注意到卡斯特罗主席的眼里闪着泪光。江泽民主席目送卡斯特罗主席走向专机,带头唱起了那首曾在中国大江南北广为流传的歌曲:"美丽的哈瓦那……"我跟着江主席小声地唱,中学音乐课的画面又如在眼前。

2003 年 10 月 1 日,我在使馆举行国庆招待会。卡斯特罗主席小声对我说:我把能来的同志们都带来了;劳尔要值班……他让劳尔副主席的夫人、德高望重的古巴妇联主席埃斯平一起同我们夫妇合影。在院子

2004 年 2 月 4 日,卡斯特罗主席当面题赠照片。

里向出席招待会的嘉宾打招呼时又把长子"小菲德尔"叫到跟前一起聊了几句。

2004年2月4日,卡斯特罗主席为我举行送行宴会,向我夫人栗建华送了一束鲜花。席间谈话,挥洒依旧;执手话别,情深意长。

劳尔副主席和哥哥卡斯特罗都在古巴党、政、军中享有崇高威望,同样对中国怀有深厚的感情。2002年6月8日中午,我在使馆宴请他时,素常不苟言笑的国务委员会副主席、部长会议第一副主席兼革命武装力量部部长劳尔大将却讲了一个妙趣横生的故事。他拍了拍老部下邵黄将军的肩膀,连比带画地说,有次他带着部队夜间长途行军,和另一位军官共骑一匹马的小青年邵黄困得从马背上掉了下来,坐在前面的人大概也困得不行,对背后发生的事情浑然不觉,走了好一阵才发觉邵黄不见了。队伍返回去寻找时,发现主管后勤的年轻军官还躺在泥水里呼呼大睡呢……我陪着他在院子里漫步时,他拉着邵黄将军和我,用中文声情

2002年6月8日,劳尔副主席和邵黄将军及作者一起在中国使馆高唱《东方红》。

2003年10月26日，劳尔副主席和夫人埃斯平（古巴妇联创始人、主席）同作者和夫人在中国使馆合影。

并茂地唱起了《东方红》，告诉我这首他最喜爱的中国歌曲是在布加勒斯特参加世界青年与学生联欢节时中国同志教会的。

2. 龙之传人战斗在古巴

华人在古巴的独立战争、革命战争中可歌可泣的英雄事迹，我早就有所了解。华人纪功碑上贡萨洛·德克萨达将军的题词"没有一个古巴华人是逃兵，没有一个古巴华人是叛徒"使每个炎黄子孙都感到自豪。古巴同志多次对我讲过，独立战争中有一位屡建战功的华人曾获总统候选人资格，但他因多次负伤身体不好而婉拒了。跟随卡斯特罗主席、劳尔副主席打江山的华人，有三位被授予少将军衔。我同其中的邵黄将军接触较多，和另一位崔姓将军也有过几面之缘。邵黄将军对古巴和中古友好的贡献，足以写成一本厚厚的书。在这里只说一件很有趣的事情：2003年4月4日在塞萨雷奥·费尔南德斯（Cesáreo Fernández）小学的一次活动中，卡斯特罗主席把手搭在邵黄将军和我的肩膀上对现场的群众说："有这两个中国人，一切事情都能办好！邵黄是生在古巴的中国人，王是派到古巴的中国人！"

黑头发黄皮肤的华裔们，虽然早已融入古巴人民之中，多数人已不知祖上姓氏、也不懂中文了，但他们知道自己有中国血脉，在英勇地保卫着、勤奋地建设着美丽的古巴。祝愿古巴繁荣昌盛，人民幸福安康！

3. 暂别古巴

2004年2月，我离任回国。古巴政府给我颁发了"友谊勋章"，劳尔副主席和卡斯特罗主席先后为我举行送行宴会。劳尔副主席1月27日向我面赠他亲笔题字、他和夫人埃斯平亲笔签名的照片，在照片背面写道："王大使并栗夫人，谨以此照纪念我们和二位及你领导的使馆集体之间的深厚友谊。请接受我家人般的拥抱。"卡斯特罗主席2月4日当面在赠送我们的照片上题字。这是古巴领导人和政府对中国的友好表示，我个人更是深受感动。2004年3月4日，我到达特立尼达和多巴哥首都西班牙港，3月24日向理查兹总统递交国书，成为第九任中国驻特多大使。4月2日我举行到任招待会时，正在那里访问的古巴经济合作部副部长突然到场，代表古巴的老朋友们向我祝贺。努力适应英语环境近一个月后听到熟悉的西班牙语，"乡音乡情"在我心中激起的阵阵热浪，宛如加勒比海的层层碧波。

心中的古巴，永远的古巴

2005年底退休之后，我参与过一些双方企业间的合作项目，多次回过古巴。每次从飞机盘旋在哈瓦那上空开始，跟回故乡时一样，心中就涌起阵阵暖流。古巴同志如长期担任中古经贸混委会古方团长的部长会议副主席卡布里萨斯等，来北京时多次亲自或委托古巴驻华使馆与我通电话。有的朋友还捎来小礼物，小小一袋咖啡，承载的是大海一般的深情啊！虽然脱离一线工作已久，但我对拉美，特别是古巴的情况依旧时时关注。

2016年11月26日，在海南惊悉卡斯特罗主席逝世的噩耗，悲痛难抑，在海边徘徊良久，回到住处写了几句诗，悼念这位古巴的伟大领袖、中国的伟大朋友、举世闻名的传奇英雄。小诗如下：

> 姜花萎谢明珠颤，
> 浩渺猪湾海水寒。
> 举世伤悲天地暗，
> 髯翁揽月跨征鞍。

呜呼！伟大的卡斯特罗主席、尊敬的埃斯平女士、亲如兄弟的邵黄将军和格拉大使及不少老朋友都已辞世几年了，但他们永远活在我的心中！

2020年是中古建交六十周年。第二次担任古巴驻华大使的年轻老朋友佩雷拉向包括我在内的中方同志颁发了荣誉证书和纪念章，这让我又回到那个历史画面：离任十多年后在哈瓦那还被出租车司机认出，巡逻警察用老称呼同我说话并说早些年经常在电视里看见我……真是百感交集啊！

心中的古巴，永远的古巴！

追寻老卡的足迹

寇顺超（中国赴古巴单方面奖学金项目留学生、国家建设高水平大学公派博士研究生）

共同的回忆：哈瓦那大学的求学之旅

有人曾说过，你想认识怎样的朋友，就先成为怎样的人。如果你读过海明威的《老人与海》，你可能就明白为什么海明威与卡斯特罗能成为好朋友，因为他们都是硬汉的代表。

古巴，加勒比海上的一个岛国，与古巴的故事，开始于2006年的秋天。我像大部分高中毕业生一样，18岁参加完高考，即将开启一段向往的、未知的、新奇的大学生活。我的家乡在中国西部名叫西宁的城市，2006年正值国家西部大开发战略的阶段，西北地区的考生也将有机会参与中国与古巴之间教育交流的项目。此项目的发起人，就是古巴领导人菲德尔·卡斯特罗。1959年因为他带领古巴人民取得革命胜利，并总是一身戎装出现在公众面前，古巴人民都亲切地称他为"总司令"。

带着对总司令的好奇与敬仰，我来到了古巴革命胜利47年后的国度。一落地就受到了当地人热情的接待，观看充满热带风情的萨尔萨舞，看着朝气蓬勃的古巴小学生带着鲜花迎接我们的到来。空气中略带着海水的潮湿以及古巴红土的黏着感，更加烘托了热烈的气氛。古巴政府从全国各地调集来有经验的西班牙语老师，对我们初到的200名中国学生

人文篇

寇顺超（左）和他的导师。

进行预科的语言基础教学。老师们秉着革命般的热情，在哈瓦那远郊小镇的一所封闭式学校里，对我们像孩子一样耐心地教发音、单词、句子，再到实际场景的应用——周末到市区参观，以及那为数不多的购物时间。在异国他乡的新奇经历，冲淡了对家的想念。而那些老师们，为项目暂时放下了与家人的朝夕相处，陪伴着我们这一年的成长。语言预科的毕业典礼是在哈瓦那大学的麦格纳礼堂内举行的，从颁发结业证的时刻起，我们也荣幸地成为哈瓦那大学的校友。而这里曾走出过另一位知名校友，便是古巴领导人卡斯特罗，也就是我们像称呼老朋友一样所称的老卡同志。跟随老卡的足迹，便是这段哈瓦那大学的求学之旅，短短的时间内就感受到古巴革命后人民淳朴、热情的生活状态，它深深地影响着每一个来到这里的同学们。

革命前的古巴，当迈阿密还是个小渔村的年代，哈瓦那已是一处远近闻名的旅游胜地。但曾经最吸引人的，却是灯红酒绿的港口，在傀儡政府的支持下，成为美国人奢华淫糜的后花园，而古巴老百姓的生活却在这繁华港口之外无人问津。老卡出生在古巴东部一个叫奥尔金的地方，1945年考入哈瓦那大学法律系，学习民法、外交、行政管理和社会科学。从古巴东部农场到首都哈瓦那的一切见闻让他意识到各种社会的不公，以及需要被改变的现状。凭借优秀的演讲和投入革命的热情，他被选为反对独裁、坚持民主的"大学生联合会"主席，并与当时思想进步的学生及社会人士发动抗议游行，遭到了巴蒂斯塔政府的强烈镇压。

《历史将宣判我无罪》及模范监狱

所有伟大的革命事业都不会一帆风顺。也许像人们所说：人生中成功只是一时的，大部分时候失败是主旋律，但如何面对失败却把人分成不同的样子，有的人会被击垮，而有的人能坚定地继续前行。1953年，26岁的他与100多名爱国青年攻打蒙卡达兵营，遭到镇压，当局在"紧急法庭"上对卡斯特罗进行秘密审判。法学专业的他在法庭上慷慨陈词，并以《历史将宣判我无罪》作为自我辩护：

"从来没有过任何一个辩护律师得在这样困难的条件下进行工作；也从来没有过任何一个被告人遭到过这么多的严重的非法待遇。在本案中，辩护律师和被告人是同一个人。我作为辩护律师，连看一下起诉书也没有可能；作为被告人，我被关闭在完全与外界隔绝的单人牢房已经有76天，这是违反一切人道和法律的规定的。

"我不得不在这个法庭上自己担任自己的辩护人，是由于两个原因：第一，是因为实际上完全剥夺了我的受辩护权；第二，是因为只有感受至深的人，眼见祖国受到那样深重的灾难、正义遭到那样践踏的人，才能在这样的场合呕心沥血地讲出凝结着真理的话来。

…………

"至于我自己,我知道我在狱中将同任何人一样备受折磨,狱中的生活充满着卑怯的威胁和残暴的拷打,但是我不怕,就像我不怕夺去了我 70 个兄弟的生命的可鄙的暴君的狂怒一样。

"判决我吧!没有关系。历史将宣判我无罪。"

这长达四个小时的著名辩护词,也被公认为是人类历史上最杰出的演讲之一。这场律师界的旷世绝辩救下了他的命,也回荡在古巴的土地上,让革命的种子播撒在人民心中。最终,法官判处他 15 年徒刑。他被当局关押在远离古巴主岛的松树岛(现称青年岛),一个被称为"模范监狱"地方。

在古巴学习的一个假期我去过这个地方,在他被关押 60 多年后,经过大巴车和游船的颠簸辗转,才到了松树岛。在岛上又是一路辛苦探索、询问,才在群山怀抱之中找到了这个地方。云压得很低,巨大的几个圆形监狱就被围在一片草地中,监狱像一座座城堡,能够坚固地挡住想进去的人和出去的人,那种震慑力,让人略显渺小与无助,这几乎可以摧毁人的精神防线。一般人想象不到,一个人受困于此,与世隔绝,还能抱着坚定的信念,为古巴未来谋划。很明显他就是属于那第二种人,把失败作为最好的养分,站起来,继续前行,就像海明威写的:"一个人可以被毁灭,但不能被打败。"这是第二次追寻老卡的脚步。

在远离家乡、远离亲友的异国求学,最大的挑战就是时间、距离,还有自己,这是种磨砺。尤其佳节之时,思乡之情油然而生。记得第一个在古巴的春节,卡斯特罗主席对我们过节非常重视,虽然未能亲临现场,但他特地让相关部门在学校安排了春节活动,每个班级的 10 名同学和各班的语言老师把食堂的餐桌摆到学校走廊里,一个班挨着一个班,热热闹闹地吃了一次至今难忘的年夜饭。老卡知道我们都是中国西北地区的学生，古巴在热带，不产苹果，他让人专门进口买来了苹果发给每个人，以解思乡之情。对待中国来的客人，他体现了细致的关怀。更惊喜的是，中国驻古巴大使馆也邀请全校师生到使馆参加了一场精心准备的新春招待会。能在万里之外，走进中国大使馆，看到五星国旗、国徽，吃到国内的佳肴，并且听到大使亲切地说："在这里，就是祖国，我们就是大家的亲人，也是大家的后盾。"心里热热的，那一晚，我们哭着，也笑着。

革命广场的演讲与告别

哈瓦那革命广场上，飘扬着古巴国旗，竖立着古巴独立运动领袖何塞·马蒂的纪念碑，哈瓦那的机场就是以他的名字命名的。政府部门的大楼外，浮刻着古巴另外两位革命英雄：切·格瓦拉和卡米洛，并附着那句经典的话，"直到永远的胜利。"在这里，老卡曾慷慨激昂地面对数万古巴民众演讲。每年古巴"五一"劳动节，会有民众大游行，人民以这种方式来体现团结奋进以及对领导人的拥护。革命后的古巴，赶走了傀儡腐败的政权，收回了由美国资本控制的经济大权，包括公用事业的80%、采矿业的90%、牧场的90%、石油工业的几乎100%、公用铁路的50%、制糖业的40%及银行存款的25%。其中古巴的支柱产业蔗糖生产，收回的种植部分有25%——约27.5万英亩的土地。革命后的古巴实行共产主义社会，人人享有平等的基本权利。无论城市或是农村，无论工人、农民、妇女、儿童，任何人都可以免费接受教育和医疗服务，这使古巴的平均寿命达到78岁，识字率达到99%。虽然受到美国的经济制裁，本国物资及生产欠发达，但人民的幸福指数很高，这一点是去过古巴的人实实在在感受到的。再说回硬汉老卡，他曾调侃地说："假如被暗杀是奥运会的项目，那我一定获得金牌。"据说美国曾对他发起过 638 次暗杀，但无一成功。一次在老卡访问美国时，记者问他你是否会随身穿防弹衣，他在摄像机前自信地抽着雪茄，解开衬衣的扣子，露出胸口说：我从不需要穿防弹衣，如果真需要防弹衣，那也许是精神上的防弹衣。

当一个人真正强大的时候，便不需要借助外物来体现强大，而内心的强大，就足以坚不可摧。就是以这样的人格魅力，老卡影响了一代代的古巴人。这里虽是个小岛国，物质不算丰富，受美国的制裁长达半个多世纪，但他们并没有低头。在古巴留学的 13 年中，我见证了这个项目从 2006 年第一批中国学生的到来至 2014 年最后一批留学生毕业，为中国培养了 3000 多名不同专业的留学生。看到了这个国家，教师、医生、警察、工人、公务员们拿着微薄的收入，却默默奉献在国家需要的地方；看到了他们在经济并不发达的情况下向国外援助医生、教师；看到了在受美国技术封锁的情况下，自己研发了世界一流水平的生物药品，免费为古巴人民提供新生儿疫苗和保障患者的健康，甚至还为拉美其他国家的民众提供免费的白内障手术；看到了为受切诺贝利核电站辐射影响的孩子们免费提供的海滩疗养中心；看到了通过政府项目来自其他国家的留学生，委内瑞拉、玻利维亚、智利、秘鲁、墨西哥、刚果、安哥拉、越南、老挝、蒙古、巴基斯坦的一批批留学生来古巴学习语言和专业。

2016 年 11 月 25 日，古巴革命领袖菲德尔·卡斯特罗去世，享年 90 岁。得知这个噩耗后，古巴全国陷入震惊和悲痛中。那时我还在哈瓦那医科大学读博，新闻里播放着消息时，就能听到邻居家和街上的哭声。很遗憾在古巴多年的学习生活中，我始终没有亲眼见过这位传奇的革命英雄。追悼会举行了三天三夜，数十万群众自发排队到革命广场的革命宫与老卡告别，队伍很长很长，大家冒着烈日，冒着时而下起的阵雨，冒着星空下阴冷的海风，停留在他的遗体、遗像前驻足缅怀默哀。第三次追寻老卡的足迹，我与几个好友结伴参加了这次告别仪式，代替很多已经完成学业回国、没能在古巴的同学，向他深深鞠上一躬。

英雄之城的无字石碑

古巴圣地亚哥，被称为"英雄之城"，这里安葬着古巴独立运动领袖、民族英雄何塞·马蒂和无数的英雄烈士。安东尼奥·马塞奥革命广场耸立着革命先烈战斗中骑在马上挥舞着大刀英勇冲杀的雕像。革命的第一枪曾在这里打响，老卡带领的游击队也曾以这里为根据地，一步步从东向西，取得了革命的胜利。他的骨灰，从哈瓦那出发，沿着当年来时的路，由三辆绿色吉普车牵引，缓慢地行驶在这条革命之路上回家。沿途所经之处民众夹道挥舞着古巴国旗，送别伟人安息。安葬之处，并没有华丽的设计，按照他生前的意愿，没有墓志铭，只在一块取自奥尔金山中的大石上面留下了他的名字：菲德尔。老卡的一生在这里画上了句号，这个以一己信念坚守社会主义的老朋友走了！这个给世界留下无限想象的谜一般的战斗者走了！他的一生，都在战斗着。

2019年5月，在即将毕业离开古巴前夕，第四次追寻老卡的足迹，带着一束鲜花，我来到了这里。古巴是我的第二故乡，我在这里度过了人生的13个岁月，一个人不知会有多少个十年。这就是人类奇妙的地方，当你今天起来的时候，你也许不知道这一天什么时候才能过去，而当你突然回望过去，会发现已经逝去了那么多的年华，而且总有遗憾的事未完成。一个人究竟可以做到什么，完全看他的内心足不足够强大，能否充满信念过完这一天，并冲破夜晚的黑暗，追寻未知的明天。成功只有一个，就是按照自己的方式，去度过人生。

写在2021年清明节，像缅怀一位好友一样记录这段文字，因为这位好友，才有了与古巴的故事。献给所有的英雄：我们记得你，你就活着。

古巴就是大写的艺术

霍曜飞(中国古巴文化交流大使、古巴旅游中国形象大使、古巴哈瓦那国际拉丁舞大赛冠军)

古巴,无疑是加勒比地区艺术史上最活跃的国度之一。古巴的艺术欣欣向荣,富有创造力的艺术家们让整个世界都为之震动,凭借的不仅仅是他们那富有感染力的音乐和舞蹈,在电影、戏剧、文学、美术等方面,古巴都是引领风潮的先驱者。

这与古巴的多民族、多元文化是分不开的。几个世纪的殖民经历也塑造了古巴人特有的性格,热情快乐、自信慷慨、乐观向上、爱开玩笑、自然大方、讲究卫生、风趣幽默、思维敏捷、有创新精神……

而古巴人身上似乎总是有一种魔力,能从空气中变出热情洋溢的热带风情。

这个世界的任何地方,都不会像古巴那样与旋律一词紧密地联系在一起。在这里,或许你会发现世界上任何地方都无法与之媲美的深厚音乐与舞蹈才华。

我的故事

2012年7月初,时任古巴共和国最高领导人劳尔·卡斯特罗访问中国。姐姐霍凤瞧女士与我受到特别的邀请出席了钓鱼台国宾馆的晚宴。

霍曜飞(右一)及姐姐(左一)与古巴革命领袖、前党和国家领导人劳尔·卡斯特罗合影。

  时任国家副主席习近平侧过身问劳尔,"你觉得他们跳舞怎么样?"劳尔咽了一小口茅台酒,目光坚定地看着我们说"好极了!"他随手放下酒杯转向习近平补充说"非常精彩!比古巴人跳得还好!"

  那年我 35 岁。

  作为一个中国人,可以把古巴舞蹈诠释得淋漓尽致,并且得到古巴最高领导人的认可与赞扬是我极大的荣耀,为国争光的心情也油然而生。但不会有人想到,20 岁之前的我,舞蹈是零基础,我也完全没有想过我的一生将会与舞蹈结缘。甚至我当时的想法和大多数中国人的传统想法一样,男孩子跳什么舞呀!跳舞的都是吃青春饭……

结缘拉丁

1996年我考入首都体育学院（当时为北京体育师范学院）的运动康复专业，学习运动医学。

大学二年级时，学校开设了国标拉丁舞的选修课，我被那对舞者优美的舞姿深深地吸引了，两位老师开启了我的舞蹈人生。

在校期间，除了专业课外，我在国标拉丁舞上付出了许多时间和努力，学习训练、参加比赛、报考教师资格证、报考国家级评审……

直到有一天，我遇到了真爱……

顾老师告诉我，有一个地方有许多人跳拉丁舞，要不要去展示一下，我兴奋地答应了。

那是一个拉丁风格的酒吧，叫萨尔萨卡巴纳。这里弥漫着欢乐的气氛，现场乐队在台上演奏，三个漂亮的拉丁女孩边唱边跳，一个黑黝黝的胖DJ扭动着身体，看上去一点也不笨拙，舞池中挤满了人，他们似乎并不在乎动作是否到位、技术是否高超，只是跟着鼓点节奏在扭动，但是那么的自然、协调。这里几乎都是外国人，从他们的表情就可以看出，每个人都享受着快乐的音符。我当然也展示了我所学的国标拉丁舞，但感觉与这里的气氛不是很融洽。虽然我的动作比他们标准到位，但是看上去感觉那么做作，虽然他们的舞步看上去那么简单，但是我却模仿不来。

当时，我并不知道他们跳的是什么舞，只知道他们跳的和我学的拉丁舞完全不一样，但让我一见钟情，后来我知道了它的名字——萨尔萨（Salsa）。

那天以后，我才知道除了国标拉丁舞之外还有拉丁舞的存在，才知道拉丁舞是跟着不同风格的拉丁音乐跳的，才知道拉丁舞的最高境界不是竞技比赛……我不是背叛了国标拉丁舞，而是更全面地了解了拉丁舞、拉丁音乐和拉丁文化。这种感觉真实、纯粹，而且这片未知的天空更广阔。

我的选择

毕业的时候，我并没有像大多数同学一样选择医院的工作，而是选择了跳舞。

当时国内跳萨尔萨舞的基本上都是外国人，而且大多数是拉丁美洲人，有外交官、留学生，还有在北京工作的，大部分人都不是专业的舞者。因为我有国标拉丁舞的基础，所以学习起萨尔萨舞来不是"小白"。我会经常出没在舞会，一个人坐在那里，仔细观察他们的脚步、舞姿、旋转，有点儿像武侠小说里面偷偷学艺的感觉。晚上回到家里我就把当天看到的、学到的都写下来归纳总结。后来北京的一些剧院和酒吧也聘请了一些专业的拉丁舞者来驻场表演。有来自古巴的，有来自哥伦比亚的，为了学到他们的舞蹈，除了他们的工作时间，我几乎天天和他们泡在一块儿。请他们吃饭，请他们喝酒，为他们庆祝生日，让他们教我跳舞。

兴趣就是最大的动力。每天我把大部分的时间和精力都花在了学习和研究萨尔萨舞上面，功夫不负有心人，很快我就成为一个出色的萨尔萨舞者，并成为舞池中的焦点。

20世纪90年代末，风靡全球的萨尔萨舞很快就受到男女老少们的青睐。随着一些健身俱乐部的兴起，我也忙碌起来，游走于京城各大健身俱乐部，成了中国第一个教萨尔萨舞的老师，很快就在舞蹈圈里小有名气。接踵而来的就是大大小小的媒体采访，杂志、报纸、电视台，甚至凤凰卫视和英国 BBC 也为我专题报道和拍摄纪录片，我一下子成了拉丁舞明星。在教课之余，我还组织学员们参加拉丁舞会、汇报表演、商业演出等等一系列活动。2003 年我开始在中央电视台、北京电视台录制拉丁舞教学节目，这是第一个面向全国推广萨尔萨舞的平台，之后的日子萨尔萨舞如同雨后春笋一般，很快在全国各地生根发芽。

初识古巴

我的事业蒸蒸日上，但内心深处始终有一个梦想：我要去古巴！去萨尔萨舞真正的发源地寻根。机会终于来了，2003 年的非典时期，所有的工作都停滞了。我和姐姐决定一起去古巴。这是我有生以来最远的旅途，去一个我既陌生又熟悉的国度。在此之前，我只通过一些图片和视频看到过古巴和古巴人跳舞，如今终于要梦想成真了，我兴奋得几乎一个星期没怎么睡觉，因为我一闭上眼睛，脑海里就浮现出我在古巴和古巴当地人跳舞的场景。

终于盼到出发的那天了，我们从北京出发，历经 10 个小时到达巴黎，在戴高乐机场转机停留了 21 个小时，之后再花 10 个小时飞往古巴首都哈瓦那，全程将近两天。可能是由于太兴奋了，我全程始终没有困意。头脑中还一直幻想着古巴大街小巷满是跳舞的场景。

历经了两天的长途跋涉，我们终于到了哈瓦那。飞机降落的时候已经傍晚了，透过飞机的窗户向外望去，虽然天色已暗，但是仍可以看到满眼的绿色植被和零星的灯光。我掩饰不住内心的激动，使劲儿对自己说：古巴，我来了！我来了！

等托运行李时，大厅的电视里放的全是古巴的乐队在载歌载舞，古巴的空气中都跳跃着音符，这是真的。只是我没想到这一刻从机场就开始了。出了接机大厅，一股加勒比热浪掺杂着古巴老爷车汽油的味道扑面而来。从此之后，这股独特的古巴味道便深深地刻在了我的脑海中。

安顿好一切已经快午夜12点了，但我可没打算就这么睡觉，我认为在古巴的哪个夜晚如果不跳舞简直就是浪费，况且来之前我就做好了攻略。"音乐之家"每天都有现场萨尔萨乐队，而且都是在国际上享有盛名的乐队。我一分钟都不想耽搁，拉上姐姐打了辆出租车直奔"音乐之家"。

到门口已经12点多了，门前排了长长的一队。真是幸运，今天晚上的乐队居然是古巴最知名的萨尔萨乐队洛斯·范范（Los Van Van），我们在售票处买了两张票，25美金一位，这对物质生活不是很富裕的古巴人来说是笔不小的开销。

排队的人有很多是外国游客，我想都是慕名而来的，当然也有很多古巴人。我们焦急地等待着，生怕里边的乐队开始演出错过些什么。听旁边的人说凌晨两点才会正式开始演出，到四点左右结束，这我才放心，心里边还暗暗地想，古巴人都不睡觉吗？第二天不上班吗？终于下一个就到我们了，这时从里面走出来一个穿着像经理的人对门口的黑哥们儿保安说了几句，然后黑哥们儿对我们和排在后边的人用西班牙语喊了几句，我什么也没听懂。于是我就用英文问他怎么了，他的英文水平似乎不怎么样，但是加上手比划比划，我大概也明白他的意思了，应该是今天晚上人太多了，里面满了，如果有人出来再放人进去。这下我可急了，眼看着乐队就开始演出了，人都到门口了，听着里边的乐队看不见多闹心。于是我就用西班牙语一个字一个字地蹦着说China! China……Cuba……Amigo! Amigo! 我想表达的就是中国古巴是好朋友，你就放我们进去吧。他似乎也听懂了，但是两手一摊表示无奈。怎么办？我只好使出了我的杀手锏，在他面前跳起了萨尔萨舞，直接用我的肢体语言来恳求他。这一招还真灵，首先是把所有的人逗得哈哈大笑，我想他们可能是第一次见到这样的中国人。他冲我竖了个大拇指，然后示意我们进去。你们知道从后脑勺都高兴是什么感觉吗？这次的成功也让我知道今后遇到困难用什么方式和古巴人打交道了。

里面真的是挤满了人。舞池中的灯光比较昏暗，零星地放了几张桌子和椅子。大部分人都站着、扭着、跃跃欲试，等待着乐队出场。只有舞台是明亮的，所有的乐器也和我们一样，等待着音乐家们的精彩表演。

凌晨两点多，在所有人的欢呼声中，乐队终于出场了。首先是几名打击乐手出场，各自走到自己的乐器前，开始为后面的音乐家们出场进行伴奏，激情澎湃，气场十足。演出还未开始，舞池中就有人已经跟着鼓点跳起来了。我兴奋极了，在舞池中挤到第一排离乐队最近的地方，眼神中充满了崇拜，像一个超级粉丝，追星追到古巴来了。

乐队准备就绪，大概有 20 人左右，简直像一个小型交响乐团。音乐奏起，当主唱马伊豆·里韦拉把嘴凑近话筒开始唱第一句，我能清晰地感觉到我的脖子、腮帮子、后脑勺和手臂已经起满了鸡皮疙瘩。我想这就是我的热爱与古巴音乐感染力的催化反应吧。

跟我来之前想象的完全不一样，来到古巴的第一晚我并没有疯狂地跳舞，而是深深地被现场乐队所吸引。当晚，音乐家们所表现出来的力量，所表现出的专注和专业，对我的冲击是前所未有的。简直是太过瘾了。舞池中人头攒动，无论是外国游客还是古巴当地人全都沉浸在这幸福的节奏和旋律当中。

乐队演奏的最后一曲将整晚的气氛推向高潮。一首歌整整唱了半个小时，随着幕布缓缓地放下，洛斯·范范结束了整晚的表演。台下的每一个人都期望有一个返场，一同喊着再来一个！再来一个！

当我躺在床上闭上眼睛的时候，耳边一直回荡着今晚的音乐，台上每一位艺术家的特写镜头始终挥之不去。其实当晚我已经做了决定：我要留在这里，我要向他们学习，我要和他们一样……

接下来的几天里，我和姐姐踏遍哈瓦那所有的地方，从贝达多区到哈瓦那老城区，从米拉玛尔区到中哈瓦那区。即使有时并没有明确的目的地，就像很多古巴人一样，走在街上打发时光，用一双好奇的眼睛认识古巴、感受古巴也是幸福的。然而在古巴每天都会有不一样的感受，你每天都会遇到惊喜，这是在基地任何一个国家都体验不到的。

每天晚上我们基本上都是去参加各式各样的音乐会、舞会。在舞会上结交新的朋友，然后他们会告诉我们其他的舞会信息，或是遇到跳得好的古巴人就留下联系方式，第二天白天跟他去上小课。

有时候上课，我会觉得老师放的音乐我很难把握住节奏。慢慢地我才发现古巴人跳舞大多时候不用萨尔萨形式的音乐，而是更复杂、更本土化的音乐，比如廷巴（Timba）、颂勾（Songo）、蔷圭（Changüí）等音乐形式，这使我对研究古巴音乐产生了极大的兴趣。

记得有一次，我们在哈瓦那老城大教堂广场看到一对古巴夫妇，年龄大概四五十岁。男士戴了个切·格瓦拉同款的贝雷帽，留着一大嘴胡子；女士身穿古巴民族服饰，颈上戴了很多项链，留着长长的指甲，像是吉卜赛女郎。他们的打扮让你看一眼就不会忘记。他们这种特殊的装扮是为了和游客拍照赚取一些小费。我们跟他们合影之后，便闲聊起来，聊天的过程中才知道这位女士以前是"热带女郎"（Tropicana）的舞蹈演员。于是我就和他们约定好第二天教我萨尔萨，上课地点就是她家，离广场并不远，走几个街区便到。

第二天，我们按照约定好的地点来到了她家。她的家里面非常简陋，和一般古巴家庭一样，只有几件简单必备的家具，唯一的制冷设备就是一台嗡嗡作响的电风扇。首先，她教给我一些古巴传统颂（Son）的步伐，又为我讲解了颂是如何发展成卡西诺（Casino）的（古巴人称古巴风格的萨尔萨舞为卡西诺）。之后又把她的儿子叫出来，教我一些卡西诺的套路。看到我把每一个动作都用纸和笔记录下来，他们觉得很好奇，我想他们以前遇到的外国学生一定没有像我如此认真的。下了课她还请我喝了一杯自制咖啡，说我是她的第一个中国学生，她认为我学得很快，希望我以后有机会请她来中国教课。

在哈瓦那最著名的海堤大道有一座标志性的建筑物：古巴国家酒店。这座酒店始创于20世纪30年代，是无数名人政要下榻的酒店，丘吉尔，还有我国的领导人江泽民、李鹏访问古巴时都曾住在这里。这里的花园非常美，由于地势比较高，所以景色非常好，我和姐姐经常来这里听音乐。

在古巴的一些酒店大堂，都有各个旅行社的专柜，这里有一些丰富的国内旅游项目提供给游客们。有一天，我和我姐姐看到一个亚洲人的面孔，于是我们便闲聊起来，好久没听到有人说中文了，感觉很亲切。他叫缇可（Tico），祖籍是广东，一直生活在古巴。闲聊之后，他推荐了一个叫椰子小岛（Cayo Coco）的地方给我们。古巴的海滩度假酒店基本上是全包式服务，也就是你交一个套餐的钱，包括住宿以及酒水、一日三餐等。我忘了具体是多少钱了，但是并不贵。于是我和姐姐决定去小岛玩三天，感受一下加勒比的沙滩。

这是我见过最美的沙滩了，白色的沙滩细如面粉，加勒比海果真名不虚传。这里还有个美丽的名字叫国王花园，它是由一片广阔的珊瑚群岛形成的，是古巴原始形态保持最好的群岛之一，岛上除了游客无人居住，有着丰富的植被和无数野生动物，仅仅鸟类就有150多种。来这个岛或者是坐飞机，或者是开车通过一条填海大道。这条双车道的填海大道给我留下了深刻的印象，长达30多公里，笔直地伸向大海，两边都是一望无际的海水，简直是人间天堂，《速度与激情8》就是在这里取景拍摄的。岛上的每个酒店几乎都有自己的剧场，每晚这里都上演着古巴歌舞秀。

有一天下午，我正在沙滩上享受着加勒比的阳光，远处传来了鼓点的声音，于是我叫上姐姐跑了过去。在沙滩上一群古巴当地的建筑工人边唱边跳，手里还敲着一个破水桶打着节奏。我跑过去加入他们，他们看到一个中国人过来跟他们一起跳当地的舞蹈很是兴奋，跳得更起劲了。这种场景在中国似乎很难见到。的确，我们的生活真的需要一些调味剂，我们需要萨尔萨（"萨尔萨"原意为调味剂）。

旅游签证的 30 天期限很快就到了，第一次来古巴的经历让我难忘。我每天感受着这里的音乐和舞蹈，同时也发现了我还有很多不足、很多需要学习的地方。我暗暗下了决心，我要回来学习。

重返古巴

回到国内，我的心依旧留在了那令我魂牵梦绕的古巴，她好像我的恋人，见不到她的日子，生活中一切似乎都是平淡无味的。我要去古巴，学习原汁原味的古巴舞蹈和音乐，我要去感受古巴的一切。我把我的想法告诉了家人，得到了家人的理解和支持。于是我辞掉所有的课程，录制好了电视台所有的教学节目，把所有的积蓄取出来兑换成美元，买了一张北京飞往哈瓦那的单程机票，飞向了那让我幸福快乐的国度。什么时候回来？那根本不重要。

第二次来到古巴，与上一次不一样，如果第一次是以游客身份来认识古巴，那么这次我是融入了古巴，在这里进行沉浸式的学习。

古巴政府在 2006 年开启了一个单方奖学金项目，是中国与古巴两国政府间的教育合作项目，专门为支持中国中西部地区 12 个省区培养人才而特别设立。至今中国先后派出了 3000 多名青年学生赴古巴留学，攻读对外西班牙语、医学、护理、旅游管理等专业。

2003 年的时候还没有这个项目，而且我去古巴学习的是艺术方面的专业，古巴民族舞蹈与拉丁打击乐，像我这样自费在古巴学习艺术的留学生是中国的第一个，我在古巴师生们的眼中也是新鲜和奇特的。

古巴的文化氛围很宽松，文化部致力于为每一个领域的艺术家提供资助。有艺术资质的人很早就会被发掘，那些最有天赋的学生会被送到专门的艺术学校就读。

坐落于古巴哈瓦那的古巴艺术大学——国际艺术学院，其专业涉及美术、音乐、戏剧、芭蕾舞、民族舞和现代舞，这是古巴最顶级的艺术学府，也为外国留学生提供了全方位的艺术课程。

我每天过得非常充实，早上八点钟开始上课，通常是民族舞专业课程。我们班除了我和一个阿根廷、一个美国留学生之外，其余都是古巴人。中午在学校食堂吃饭，如果没吃饱就去马路对面私营的小门脸儿，这里中午会卖一些盒饭给学生，我就和一些同学端着盒饭坐在马路边吃，有时会再买杯酸奶喝。下午三点多下课后我会坐老爷车去古巴国家剧院旁边的舞蹈教室进修其他的舞蹈课程。结束后回去休息一下，参加晚上的一些活动。在古巴你永远不用为没有音乐会或者舞蹈的嘉年华担心，我会经常为去哪一个而纠结。

艺术源于生活，古巴的音乐和舞蹈也来源于民间。我学习和研究的方向是卡西诺，但是学院里并没有这个专业，所以大部分课余时间我都会融入古巴人的生活，收集卡西诺的素材，也就有了我三次穿越古巴的游学经历。

穿越古巴

古巴是西印度群岛中最大的岛屿，也被称为"加勒比海的绿色鳄鱼"。除了首都哈瓦那，古巴第二大城市圣地亚哥位于古巴的东部。那里有着英雄的革命历史、让人心动的古巴传统音乐以及最有活力的狂欢节。

2004年的暑假，我和我的墨西哥同学赛利侯进行了第一次穿越古巴的游学经历。我们乘坐古巴的火车、长途汽车、"骆驼"巴士（古巴特有的交通工具，卡车的车头、车厢是前后高中间低，由于外形像骆驼，所以古巴人都称其为"骆驼"巴士），甚至还有马车，来到了位于古巴东部、距哈瓦那一千多公里的圣地亚哥。

离中央广场不远的地方有一个著名的小剧场就是"游吟歌谣之家"（Casa de la trova），古巴许多著名的音乐家都在这里演出过。我们几乎每天都会来这里看不同乐队的演出。这里除了古巴当地人还有很多来自全世界各地的游客，也不乏一些音乐家、舞蹈家在这里即兴表演。这里与哈瓦那不同，时间似乎停止住了，你真的感觉穿越到了20世纪，每天享受着阳光、音乐与朴实无华的生活，完全不需要手机、电脑和网络。这里是古巴最具代表性的颂乐的发源地，也是狂欢节里康加舞（Conga）的故乡。

我在圣地亚哥学习了古巴最传统的颂乐，走访了好景乐队的老艺术家埃利亚季斯·奥乔亚，吃了古巴街头最好吃的炸鸡，也了解了古巴革命的历史。

离开圣地亚哥，我们来到了奥尔金，这里是古巴的第四大城市。虽然一直有一个有争议的话题就是，这里的希瓦拉（Gibara）还有关塔那摩的巴拉科阿（Baracoa），到底哪里是哥伦布第一个登陆的地方？似乎更多的历史学家认为是这里的巴里阿尹湾（Cayo Bariay）。哥伦布曾经描述过：这里是人类的眼睛见过的最美丽的土地。此外，这里还是古巴已故领导人卡斯特罗出生的地方。我们从卡斯特罗的故居一路向西，路过拉斯图纳斯，来到了卡马圭，我们在这里的杰出剧院（Teatro Principal）看了芭蕾舞的表演，这里大部分的观众都是古巴当地居民。要强调的是古巴民间芭蕾舞团的演出以展现古巴化的非洲文化宗教仪式舞蹈和圣歌为主，包括许多业余舞蹈团也在全国各地致力于非洲文化的保护工作。

同样，在这里也有"游吟歌谣之家"，虽然没有圣地亚哥的那家那么热闹，但屋后院子里的民间音乐表演依旧吸引了不少观众。无论我走到哪里，只要一有音乐，我就会闻声起舞，只要我一跳舞，必定围满了路人。要知道，一个中国人，一张亚洲的面孔，在古巴走街串巷跳他们的舞蹈，对于古巴人来说绝对是件极其罕见的事情。古巴人也会毫不吝啬地赞美你，每每这时候，我总能赢得掌声与尊重，然后大家会跑过来把我围住，跟我说"祝贺你"，和我聊天或者主动邀我跳一支舞，我总能结交到新的朋友。我喜欢这种感觉，这是我源源不断的动力。

我们在莫龙（Morón）停留了一周，并再次来到了我最喜爱的群岛：海滩椰子小岛和吉列尔莫小岛。

圣克拉拉对于古巴的革命胜利来说具有重要的意义，切·格瓦拉的陵园亦在此。当年独裁者巴蒂斯塔的军队和军火从哈瓦那出发，企图阻止起义军，但是在经过圣克拉拉时被切·格瓦拉亲自驾驶的推土机将火车推出铁轨，起义军赢得了胜利。如今推土机和火车都还在这里。

晚上我们还去慈善剧院看了舞蹈演出。别看这个人口不足20万的小城市，这座19世纪的剧院可真是豪华。剧场并不算很大，但各种设施齐全，二层还有VIP包厢，置身其中，你会感觉隔壁的包厢就坐着莎士比亚，昔日的辉煌仍有余留。

从剧院出来已经晚上十点多了，这个广场上聚满了年轻人，三个一群两个一伙，好不热闹。有聊天的、嬉戏打闹的、一起跳舞的，还有什么都不做就是看其他路人的，好一片生机勃勃的景象。这就是古巴惬意的时光和真实的生活。

我穿越古巴全岛一共有三次，上学这次让我记忆最深，也是用时最多的，大概两个月左右。之后的两次分别是一个月左右，也许是因为后来都是租车自驾，所以节省了很多时间。游学的经历让我学到了很多在学校学不到的东西，让我更了解古巴人的生活，同时也让我结交了很多古巴朋友。迄今为止，我去过古巴 100 多个城市，从中国到访古巴将近 40 次，但每一次去古巴，都依然保持着最初的热情。与其说我深爱着古巴，不如说这就是古巴的魅力。

何为萨尔萨

纵观历史，加勒比海是现代拉丁美洲文化的太初之地。而古巴音乐对欧美各国流行音乐的发展影响巨深。20 世纪中叶，古巴的恰恰恰（Chachachá）、曼波（Mambo）以及多米尼加的美林给（Merengue）、哥伦比亚的昆比亚（Cumbia）、巴西的博萨诺瓦（Bossa nova）等各种拉丁风格的音乐融入古巴的颂（Son），使得颂乐节奏更丰富、更国际化、更富有创造力与活力，故将之易名为"萨尔萨"。

说到萨尔萨，它既是一种音乐风格，又是一种舞蹈，我定义它是音乐与舞蹈结合得最完美的一种艺术形态。

萨尔萨从开始到现在从未停止发展与创新，她见证了近代拉丁美洲，包括美国的历史进程与文化形态。而萨尔萨本身也是个"混血儿"。

以加勒比地区为中心的诸多美洲国家对今天的萨尔萨都有或多或少的贡献与影响，但它的根在古巴。

创办飞舞

古巴是拉丁音乐、拉丁舞蹈的重要产区及输出地。近一个世纪以来，全世界越来越多的人通过古巴的音乐和舞蹈认识了古巴、了解了古巴的文化，从而爱上了古巴。的确，古巴的音乐在世界上是有影响力的，史上最长的不平等封锁，也抵挡不住古巴的音符屡获格莱美大奖。而萨尔萨舞蹈更是融于世界的各个角落，不仅仅是美洲，萨尔萨已经深深扎根在欧洲、亚洲、非洲、大洋洲的舞蹈社团、舞蹈学校、社交活动、娱乐场所等等。全球范围的国际萨尔萨舞交流活动、表演、比赛也都在蓬勃发展。萨尔萨已经成为全球认同的艺术语言，缩短了国与国、人与人之间的距离。我时常在想这么好的艺术文化形式，可以给人带来欢乐的音乐，使人身心健康的舞蹈，我一定要让更多的中国人都认识它，都像我一样爱上它，从而释放生活与工作带来的压力和烦恼，从中获得更大的快乐、自信和健康。这是一件多么美好的事情啊。

于是 2004 年底我回国和姐姐一起创办了飞舞拉丁学校。我们的办学宗旨就是在国内推广和传播最纯正的古巴音乐和舞蹈，把我在古巴所学到的通过我或者是我们请来的古巴老师传授给大家，使大家在飞舞拉丁能够学习和感受到古巴文化的魅力。

我又回到古巴继续我的学业。

之后的日子我频繁地往返于中国与古巴之间，我把我在古巴学习到的所有东西毫无保留地通过飞舞拉丁学校这个平台教给大家。我就好比是一块充电电池，到古巴去充电，回国释放能量，再去充电，再释放。

夺冠

2005 年，得知哈瓦那将会迎来一年一度的国际流行舞蹈与沙龙大赛，据悉将有几十对来自不同国家和地区。包括古巴当地的选手参赛，我一下子就兴奋起来了，终于可以在国际舞台上向全世界展示中国舞者的水平了。在此之前，国际萨尔萨的舞台上还没有中国选手，而且以我对他们的了解，他们认为中国人乃至亚洲人都跳不好他们的舞蹈，就连他们耳熟能详的歌曲《为了跳卡西诺》（Para bailar casino）中的歌词都在开玩笑地唱道：我们在跳卡西诺，跳吧！跳吧！中国人在哪儿呢？

当时我对我自己的卡西诺水平有客观的认识。卡西诺在古巴属于流行舞范畴，国民普及率极高，所以你经常会听到古巴人说，我当然会跳舞，我是古巴人！问题来了，你们知道古巴人是怎么学习卡西诺的吗？

还记得我前面说的吗？在专业舞蹈院校是没有卡西诺这个专业的，但是要知道，在古巴你随时随处都可以听到萨尔萨的音乐，在家里、街坊邻里之中、大街小巷、商店小铺、餐厅、跑在街上的老爷车、三轮车上都可以听到，并且古巴人特别喜欢把音量调到最高，和别人一起分享他的所爱。此外，古巴人可以说天天都有派对，可以在家、在社区、在音乐会和舞厅举办。总之，在古巴你躲不开音乐，而有音乐的时候，古巴人的躯体就会自然而然地扭动，脚下也情不自禁地踩着节拍。这更像是一种化学反应，只要把干冰放在水中，结果就是那样。

你想象一下，一个古巴老百姓，在胎教时就开始听萨尔萨了，吃奶的时候也听，刚开始唧唧哇哇地学说话时，萨尔萨的节奏和旋律已经潜移默化地对他产生影响了。随着他长大，参加的各种派对、活动，都有音乐，都要跳舞，所以古巴人学习萨尔萨是沉浸式的，他们是在这种环境的熏陶中学会的。人人都喜欢音乐，都喜欢跳舞。在 20 世纪 90 年代萨尔萨舞最鼎盛的时期，一个古巴男孩如果不会跳舞，找女朋友都不太容易。

另外，古巴的教育非常发达，国家也非常重视文化教育。在古巴几乎每一个社区都有文化之家。这有点像我们的青少年宫，有各种学习班，古巴的学龄前儿童和上小学的学生们都可以在这里学习音乐和舞蹈，而且大多是免费的。如果你家里的萨尔萨氛围逊色一些，在这里你也可以补补课。总之，如果一个古巴人跟你说：我跳萨尔萨不用学，天生就会，那他说的是真的。

回到比赛的话题。我的信心源于我对古巴人学习卡西诺的方式和水平比较了解。通常专业舞蹈院校的学生有自己的舞蹈专业，比如芭蕾舞、民族舞、现代舞等等，而卡西诺的高手通常在民间。在我游学的过程中，我拜访了很多民间大师，向他们学习。他们每个人都有自己的风格，有自己的套路和动作，并且在古巴每个城市和地域的风格也不一样，比如哈瓦那人跳卡西诺和圣地亚哥人跳卡西诺就有所不同。这样一来，我的游学经历使我丰富起来，有点儿像我们说的取百家之长。对于我这个半路出家的舞蹈选手来说，如果比芭蕾舞和民族舞，我一定没有任何优势，而跟他们比卡西诺我真的信心十足。

了解舞蹈的朋友们听我这么一说，应该对卡西诺也有一些初步的认识了，卡西诺有基本的步伐、基本的套路。但在此之上，更多的是即兴发挥，跟着音乐的变化而变化。它的难点并不在于技巧，而在于你对音乐的理解和诠释，你需要有丰富的经验和创造力去展现。

当然，我的舞伴也是我最终夺冠的关键，安娜罗莎是一名非常出色的跳卡西诺的女孩，极好的乐感，很强的配合意识，拥有丰富的跳舞经验。我们在比赛前磨合了几次，选了音乐，熟悉了动作，一切准备就绪。她的比赛服装是一条白色红花连衣裙，我选择的是一套白色棉麻的西装。比赛持续了三天，不同的场次选择了不同的地方，剧院、俱乐部、舞厅都是我们展现自己的舞台。预选赛时组委会统一放音乐，这就要看选手们对音乐的熟悉程度了，我们总能把握住音乐的要领，用最恰当的动作表达出来。

我选择的决赛音乐是来自弗尔·梅尔和洛斯·范范（Juan Formell y Los Van Van）的《这让你的头不好》（*Esto te pone la cabeza mala*），这是一首节奏非常快的廷巴，有一些挑战，但是古巴人都非常喜欢。当然了，我也超爱洛斯·范范，乐团的团长弗尔·梅尔也是一个传奇人物，乐队已经跨越了半个世纪，他们创始了独特的颂勾音乐形式。

我们赢了！

既在意料之中，又在意料之外。一个中国人，在古巴萨尔萨舞的发源地拿了一个冠军！我依稀记得在比赛进行到一半的时候，许多观众都已经站起来为我们鼓掌了。他们一定认为最不可思议的就是闪电般的步伐与扭动的身躯上是一张亚洲面孔。

接下来的几天，我每天都会接受各个媒体的采访，经常出现在各大电视台和广播电台。当年在古巴，媒体的主要传播方式也就是电视台和收音机了。一个中国人跳卡西诺！我一下子就在古巴家喻户晓了。

其实当年国内也有报道，因为国内很多人不了解萨尔萨，甚至很多人都没有听说过，也不知道把它归属于文化艺术类还是娱乐节目类。最终还是在体育新闻中有一条小篇幅报道。

也正因为体育新闻进行了报道，我也因此入选了 2005 年 CCTV 体坛风云人物的候选人名单，并且出席了颁奖盛典。同届入选的候选人有刘翔、王义夫、郭晶晶、张丹、张昊、邹市明等超级体育明星，最终的体坛风云人物当属这些奥运会的选手，他们是真正的英雄，但我能在这小小的领域为国争光，也算是我莫大的荣誉。

文化交流

同年，时任古巴驻华大使阿鲁菲授予我们飞舞拉丁学校为古巴驻华使馆指定拉丁舞培训基地，并为我们授牌，他这样写道："飞舞拉丁学校的创立带给我们极大的欣赏和鼓舞。毫无疑问，霍曜飞是中国教授古巴萨尔萨最优秀的大师之一。多年以来，他不知疲倦地努力，完美地诠释了古巴舞蹈的真谛，使古巴文化的精髓在中国得以广泛传播。古巴驻华大使馆作为霍曜飞文化传播事业的见证人，坚信他的执着和付出，将成为中国和拉美各国之间文化交流的纽带、民族友谊的桥梁。"

我们飞舞拉丁学校兼具着培训教学与舞会派对的功能，所以我们这里也是拉丁美洲留学生、拉美代表团、拉美外交官们经常光顾的地方。他们都非常喜欢这里，在这里他们感觉像回到了家。

之后我在国内潜心培养拉丁舞的师资团队，希望能有更多的人像我一样投入拉丁舞蹈的推广事业。同时我们每年也带着学生和拉丁舞蹈的爱好者走出去，让全世界的人看到我们中国人跳拉丁舞的水平。

记得 2017 年，我们带了三十多个小朋友去古巴进行文化交流。我们游历了古巴七个城市，体验了加勒比的美丽风景。除此之外，我们还参观了古巴的艺术学院，观摩了他们的课程，并且体验了古巴小朋友们的日常生活和学习，我们每天还有音乐、舞蹈课程。拉丁格莱美获奖的乐团为我们单独进行演出……临别的时候，中国小朋友们和古巴的小朋友们都恋恋不舍。还有一位有爱的小朋友，回国之后为古巴舞蹈学校的同学们捐助了很多舞蹈鞋。2019年，我去了古巴五次，加起来基本上小半年都是在古巴度过的。中国著名青年女高音歌唱家浦洁，被音乐界誉为"西语歌唱家""中国西语歌曲第一人"。我有幸与浦洁老师在古巴同台演出，共同演唱了一首《或许，或许，或许》（*Quizás, quizás, quizás*），为我们伴奏的是来自古巴的 Sol 乐团，你能想象200个古巴学生在舞台上同弹吉他的场景吗？这真是美妙的经历。同年，古巴旅游部还邀请我和我的太太徐倩女士一同拍摄了古巴官方旅游宣传片，希望更多的中国人能够了解古巴，体验古巴。

2019年11月16日，古巴首都哈瓦那正庆祝建城五百周年之际，我再次来到古巴，并带领学生们参加古巴一年一度的舞蹈节"舞在古巴"。来自全世界的舞蹈爱好者都来这里学习和交流。活动为期四天，每天白天都有不同级别的舞蹈课程，晚上由萨尔萨乐队为大家表演。此次舞蹈节最后一天的大师课由我来主讲，组织者架起了摄像机，为我全程录像，驻古巴的新华社记者和CCTV记者也前来拍摄。事后我才知道作为压轴的最后一节大师课也正是我研究生论文的最后一个环节。我的论文研究方向是古巴卡西诺的教学方法，这也正是我的导师需要的一部分资料，感谢我的导师用心良苦。

2020年是中国与古巴建交60周年。古巴驻华大使卡洛斯·米格尔·佩雷拉授予我校为中国古巴文化交流中心，并授予我为中国古巴文化交流大使，我深感荣幸。这也意味着我们今后将会在中古两国开展更多的文化交流。

友谊长存

海明威笔下的古巴海滩、世界闻名的古巴雪茄和蔗糖、棕榈树下富于拉美情调的酒吧和歌舞以及热情好客的古巴人民，令这个加勒比海上的国家充满了神秘情调。古巴是西半球第一个与中国建交的国家，我们始终保持高度一致，在经济、教育、医疗卫生、文化、体育等多个领域保持合作与良好的关系。

早在100多年前就有华人生活在古巴，并且为古巴的建设，甚至古巴的独立运动作出杰出的贡献。如今在哈瓦那还竖立着一个纪念碑，上面刻着："没有一个古巴华人是逃兵，没有一个古巴华人是叛徒。"所以中国人民和古巴老百姓早就已经情溶于血了，就像习近平主席说的："中国和古巴是好朋友、好同志、好兄弟！"

我的故事还在继续……

人文篇

与时间携手并进

弗洛拉·邝（中文名：邝秋云，古巴当代国宝级画家、华裔）

"在中国就是这样的。"我父亲总是这么对我母亲说。

我的父亲弗兰西斯科·邝从中国来到古巴，在卡马圭城定居，我母亲奥伦西娅·加西亚是土生土长的古巴奥尔金省人。我父母生了八个孩子，五个女孩、三个男孩。我小时候，父亲经常去首都哈瓦那，时不时就会去趟哈瓦那中国城，去看看中国城里的华人社团溯源堂。溯源堂是雷、方、邝姓的宗族华人社团，他有个表弟在那里工作。父亲还加入了旅古华侨华人最大的社团组织中华总会馆以及另一个华人社团洪门民治党。他经常跟一个熟识的西班牙邻居去哈瓦那码头买东西。有一回，父亲带回了一些绸缎做的衣服，有蓝色和红色的，大小尺寸不同，我到现在还记得那些衣服，漂亮极了。"可是这些衣服为什么都一个样式？"母亲问。"在中国就是这样的。"父亲答。

弗洛拉·邝，手持照片上是她父母。

我出生在 1949 年，就是新中国成立的那年。我在卡马圭上完小学

125

和初中后，就进了省立造型艺术学校，从一个暑期课程开始上课。在那里，我们以古希腊和古罗马雕塑为模型，系统地学习了西方美术。我能学绘画，父亲很高兴，他总跟我说："你快画一幅菲德尔·卡斯特罗抽雪茄的画。"1959年古巴革命胜利时，我只有10岁，但对周围发生的变化已经有了意识，因此在卡马圭上完四个课程后，就申请到哈瓦那的国家艺术学校继续学业，并在1970年毕业。

在哈瓦那，我嫁给了内尔松·多明格斯（Nelson Domínguez），他是我同学，现在是著名画家，也是我两个孩子的父亲，我们的女儿亮和儿子李也都上了艺术院校，成为造型艺术家。我曾在圣·亚历杭德罗造型艺术学院（Academia de Artes Plásticas San Alejandro）教了19年书，给三年级和四年级学生上绘画课。

1986年，我父亲去世。一年后，我开始在亚伯拉罕·林肯语言学校学汉语，上的是夜校。那几年对我来说很艰难——当时我已离婚，独自带着两个孩子。我决定学汉语是因为我内心想要了解汉字构成的起源、它的表意系统、它的简化过程，还有拼音。其实我上汉语课的时间很短，也不会说中文，但我为方方正正的汉字之美所着迷，尤其喜欢"人""林""雨""日""山"这几个汉字，其中"林"字为我画棕榈树意象带来了灵感。这些汉字都带着寓意出现在我的画里。

我经常研究中国山水画家的画作，观察他们如何运用移动透视法，如何安排构图元素的分布，如何使用色彩，如何通过作品传递精神，以及如何把握整体和细节。我觉得，中国画家画人物，是先研究眼睛、鼻子、嘴巴，然后是身体的组成部分，这和我正相反。不同于中国山水画，我一直以来学习的都是西方油画的黄金法则和其他构图方法，尤其熟悉的是法国、意大利等欧洲流派。

我要把自己的想法付诸实践并不容易，我花了10年时间进行了非常个人化的探索。我向大家展示的作品在概念和本质上展现了我的意图。

我的画在中国元素基础上融合了加勒比的光线与色彩，始终葆有一种古巴的味道。

大家在我早期的《漩涡和飓风》（Remolinos y Ciclones）和《祖先》（Ancestros）系列作品中就可以看到我使用的一些表意文字。汉字的演变、统一、简化过程影响了几乎整个东亚，并且这一过程仍在持续。我在《祖先》系列中尝试这种意象融合，想要建立新的艺术符号、新的表达方式，来滋养我的艺术理念。就像我们小时候，父亲每次给我们做风筝，都能在邻里间引起轰动——他能做出两只挥动着翅膀飞翔的鸟，还做了只竹哨当鸟嘴，风一吹，竹哨发声，就好像这两只鸟在歌唱。他还会做龙、蝴蝶、"巨人上校"这些形象的风筝。后来，我以这些风筝的形象作为创作灵感制作了一批雕塑，2008年在古巴国家美术馆展出。有意思的是，在这之前，古巴政府正好买了一幅我的画作为国礼赠予中国，我就是用这笔钱买了六毫米厚的钢板，在古巴钢铁厂制作完成了这一系列的雕塑。

关于风筝，还有些轶事。那时候，我去华人区的老人院，看到几个老华人，其中一人不停用面团做小模型，还有一人沉默不语，可能因为方言不同，他没人交流。我这才知道，我以前以为所有中国人都会做风筝，其实并非如此，只是我爸爸有那样的手工天赋。爸爸上年纪后，我曾让他帮我做几个风筝，他在其中一个上面写道：即将翱翔在世界天空的风筝。父亲一直梦想着有一天能回中国看看，后来他很老了，已经病入膏肓，他就把这个希望寄托到了我身上。为了有朝一日能实现这个愿望，我跟他一起去了中华总会馆，中华总会馆为我登记了我的中文名"秋云"，我很喜欢这个诗意的名字。我的姐妹们也都成为中华总会馆的会员。

我经常参加中国驻古巴使馆组织的庆祝活动，活动上总会准备中国菜，我很喜欢吃，还会想起小时候爸爸给我们做的美味佳肴。我记得有一回，父亲让我们几个孩子排成一排，"强迫"我们喝苦瓜汤，我永远都忘不了那苦味。我还忘不了他在玻璃罐里仿佛腌制了几百年的鸡蛋，他还会把鱼做成不同吃法，总之他很喜欢给我们做饭，然后看着我们吃掉。

1989年，我第一次到中国，跟我同行的是因出演电视剧《巴泰之阳》（*Sol de Batey*）走红的苏珊娜·佩雷斯（Susana Pérez）。我们在柏林转机，恰逢柏林墙倒塌前夕，街上时有骚乱，古巴驻德国使馆的同志帮我们开通了快速通道。我们继续旅程，到了中国，我看到许多酒店正在建设中，我还注意到，在交警指挥下，大街上到处是自行车，很少看到汽车。女人们也穿着高跟鞋，十分优雅地骑着自行车。

我随身带着自己和爸爸的中华总会馆会员证，一到中国，我就问工作人员是否可能在广东南部找到父亲老家的亲人。出乎我意料的是，第二天，工作人员就找到了我的堂兄弟。我去拜访了他们，也看到了我爸爸小时候生活的地方，我心情十分激动。父亲老家附近有一潭湖水，湖边有香蕉树、山羊、绵羊，景色跟古巴很像。父亲老家的亲戚知道我成了名，十分高兴，我一直在笑。他们还送了我一个祖传的玉戒指，我一直保存着。他们带我去看一个生了锈的钟，说是我父亲的哥哥在古巴买的美国货。他们还找出一个包裹，里面全是我父亲寄回家的信。母亲每次生儿子，父亲就给他哥哥写信，请他起名字，因此我的兄弟们从小就有中国名字，而我们这些女儿没有中文名。毕竟在那个年代，在恶劣天气下耕种的任务都由男人完成，女人主要照顾家庭、抚养子女，地位不高。

我在中国度过了四十岁生日，我记得我们去了一家餐厅庆祝，主菜是饺子。我生日在11月，到了11月底，冷空气和寒雾接连来袭，冻得我想回古巴。真是一次难忘的旅行！

1997年，我第二次去中国，在北京劳动人民文化宫展出作品。我还去了刚回归不久的香港，我有个表妹住在香港，那里能看到双层巴士、狭窄街道等许多英国殖民的痕迹。我们还去了一个卖古巴优质手卷雪茄

弗洛拉·邝。

的酒吧。我还参观了陶瓷之都景德镇，制作的陶瓷留在了古巴驻华使馆里。我们还去到因兵马俑闻名的西安，在西安，大地如古老尘埃，将我们带回久远时代。我当时觉得，世界的开端大概就是这样一个地方。

2014年，我第三次到访中国，同行的有我的女儿亮和一群古巴造型艺术家，我们一起在上海办展。我对当时上海的经济社会发展印象深刻。从人文交流的角度来说，这次旅行对增进古中两国人民友好情谊具有重要意义。我们还去参观了一些艺术院校，和一些中国艺术家进行了非常有趣的交流。

2019年，我再次来到中国，在北京首都图书馆举办个展"加勒比的明代：图像、书法及诗歌"。跟我一起来的还有我的儿子李，我们一起参加了第六届拉美艺术季。李还获邀创作了庆祝新中国成立 70 周年主题的一枚纪念封。他以这样的方式向他祖父的中国根致敬,我感到十分自豪。我还被北京汉威国际艺术中心选为荣誉会员。不久后,北京汉威艺术中心到古巴参加了哈瓦那双年展。

  中国古代绘画至今仍是我的灵感源泉。我可以说,我以我的艺术实现了我的梦想,因此感到满足。

  中国始终与古巴团结一致,共同追求和平,向往和谐,向前发展。而我也始终与时间携手并进,从文化的维度延续着两国之间的友谊纽带。

交流篇

> 习近平复信古巴科学家裴德乐

> 何塞·路易斯·罗瓦伊纳：我的中国情缘

> 李艾：亲历哈瓦那大学汉语教学

> 约尔贝丽斯·罗塞尔：我在孔院当院长

> 劳尔·门查卡：爷爷口中的中国

> 特蕾莎·玛丽亚·李·塞西略：我与哈瓦那中国城

> 玛丽亚·特雷莎·蒙特斯·德奥卡·蔡：我的中国和古巴

> 卡桑德拉·西西利亚·蒙蒂亚努·法哈多：学中医，也学做人

习近平复信古巴科学家裴德乐

新华社北京 2023 年 10 月 31 日电

近日，国家主席习近平复信古巴著名科学家裴德乐。

习近平指出，你长期致力于增进古巴同中国的特殊友好关系，积极推动中外科研合作，取得多项突破性进展，我向你和你率领的团队表示祝贺。

习近平强调，国际科技合作是大趋势。各国需要通过科技创新共同促进人类和平与发展事业。今年是我提出"一带一路"倡议十周年。这个倡议的根本出发点和落脚点，就是探索远亲近邻共同发展的新办法，开拓造福各国、惠及世界的"幸福路"。十年来，中方同共建国家加快科技交流和知识分享，不断优化创新环境、集聚创新资源，科技创新合作加快推进，成效显著。

习近平指出，中古老一辈领导人共同缔造的传统友谊茁壮成长，不断结出累累硕果。去年以来，双方又就携手共建中古命运共同体达成重要共识。我衷心希望，新时期中古包括科技在内的各领域合作不断深化，更好造福两国人民。

日前，古巴著名科学家裴德乐致信习近平主席，介绍其所率领团队在华推动脑科学研究和中古神经技术合作取得的成果，表示愿继续为促进中古友好，为"一带一路"倡议在全球更大范围落地贡献力量。

我的中国情缘

何塞·路易斯·罗瓦伊纳（古巴驻华使馆前公使衔参赞、古巴国际政策研究中心学者）

20世纪60年代初，革命胜利不久的古巴开始与新中国接触，这是自然而然、合乎情理的事——古巴和中国在取得革命成功后，都决心走独立自主的社会主义道路。两个国家因为共同的发展目标和意识形态而团结在一起，并团结一切可能团结的力量，共同抵御美帝国主义的威胁和挑衅。古巴和中国都希望尽快摆脱欠发达的局面，建设一个更公平公正的社会。

那时的古巴对中国革命经验的认识还比较粗浅，主要对毛泽东的游击战理论有一些研究。1959年古巴革命胜利的消息传到中国，毛泽东主席和周恩来总理对这个美帝国眼皮底下的国家的如此壮举表示钦佩和尊重。而古巴也采取了史无前例的外交行动。1960年9月2日，革命领袖菲德尔·卡斯特罗发表了古巴革命纲领性文件《哈瓦那宣言》，其中提出了与当时被美国封锁、被不公平排除在联合国之外的新中国建立外交关系。

那一天，菲德尔·卡斯特罗在哈瓦那革命广场上大声问参加集会的上百万群众，同不同意与台湾当局"断交"，同不同意与中华人民共和国建交。群众大呼"同意"。

就这样，不久后，两国正式建交，古巴成为拉美和加勒比地区第一个迈出历史正义步伐的国家。

留学北京

古巴和中国建立外交关系开启了双方交流交往的大门。在这样的背景下，我和二十来个古巴年轻人一起被派到北京留学。我们于1963年9月20日到达北京，那天恰好是我16岁生日。我们的留学从学习汉语开始，大部分人学完汉语要回古巴教书，少数人要继续在中国上大学。我是那少部分人之一，第一年学现代汉语的基础知识，第二年学古汉语概论——这门课实在太难了，接着开始学中国历史。

我想借此机会代表我们全班向当时教我们汉语的马老师和她的团队表示真挚感谢。汉语和西班牙语差异很大，学起来非常困难，他们为了教我们付出了巨大努力，同时也感谢校方为我们创造了最好的生活条件，要知道，当时中国经济十分困难。

随着古中积极开展政治对话、推动双边贸易，当时在中国许多城市，还可以看到民众大规模游行，他们手举带有菲德尔画像的标语牌，喊着"要古巴，不要美国佬"等支持古巴的口号。

当时，古巴驻华使团已经开始在北京工作，大使是奥斯卡·皮诺·桑托斯（Oscar Pino Santos），他是一名杰出的外交官，也是马克思主义经济学家、历史学家和记者，为加强两国关系作出了许多贡献，同时在努力学习和理解中国正经历的政治进程。他也是当时为数不多有机会与毛泽东主席、周恩来总理、刘少奇主席、朱德元帅、陈毅元帅交谈的外交官。桑托斯大使对我们这些年轻学生也非常关心。

两国建交初期，多位古巴重要人物曾访问中国，其中最为人熟知的莫过于埃内斯托·切·格瓦拉，他曾两次访华。1960年11月，格瓦拉首次访华，受到毛泽东主席和周恩来总理接见。访问期间，中古双方商定，中方向古巴提供6000万美元贷款，并每年从古巴进口100万吨蔗糖，

交流篇

何塞·路易斯·罗瓦伊纳（第三排右二）1964年在北京留学。

这为古巴提供了极大帮助——古巴革命胜利前，美国企业掌握古巴经济命脉，革命胜利后，古巴试图改变经济结构，这就不可避免地与美国政治和经济利益发生冲突，对抗美帝国主义已经迫在眉睫。1965年2月，格瓦拉第二次访华，受到刘少奇主席、邓小平总书记等中国领导人接见。我们还在古巴驻华使馆里见到了他。那是一天晚上，格瓦拉到使馆给我们做讲座，解释他的经济思想，还分析了其他一些古巴当时面临的问题。时隔多年，我依然记得他提到的一些复杂问题和新颖观点。

当时的中国对年轻的我们有着独特的吸引力：一方面，中国数千年历史和文化无处不在；另一方面，中国为摆脱贫穷落后正作出巨大努力。

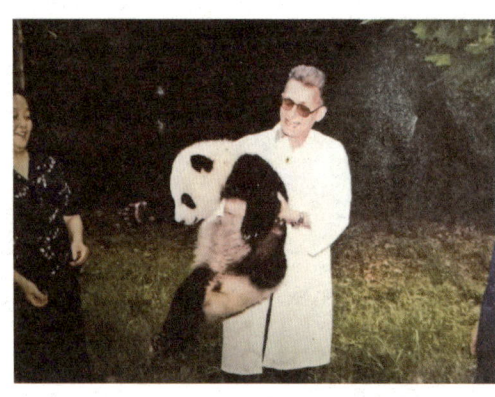

何塞·路易斯·罗瓦伊纳。

我们看到,为了抵御洪水,中国人在没有技术设备的情况下徒手建造防洪堤;为了提高粮食产量,中国人利用各种空间种菜。爱国、奉献、克己、勤奋,那些年里,我们在中国人身上看到了这些可贵精神。

在中国当记者

1980年"八一"建军节那天,我回到中国。这一次,我作为古巴拉丁美洲通讯社驻京记者在中国工作了九年,直到1989年底结束任期。在那九年里,我几乎走遍了中国,最远去了西藏。

这次去北京,我可没空着手,我带上了我的宝贝女儿安娜贝尔(Anabel),她在那年4月刚出生。她先在北京上国际幼儿园,后来和中国孩子一起在芳草地小学读到了三年级。当时我在北京的家里有个姓王的中国阿姨帮我打点日常,她是我女儿的第二个妈妈,还是她的中文老师,在她的"教导"下,安娜贝尔能用汉语自如地跟同学交流。

1980年是个不平凡的年份。中国开始了影响深远的结构性经济改革和对外开放进程,并准备启动政治体制改革。作为记者,我写了一些关于中国农业改革措施的报道。比如，以家庭联产承包责任制为起点的农村改革有效推动了农业生产，在四年内基本解决了这个人口大国的粮食问题。

我还见证了许多重要历史时刻，例如1981年6月召开的中共中央十一届六中全会。全会澄清了一些历史事实，承认毛泽东思想的重要意义以及毛泽东对中国历史、革命胜利和社会主义建设所作出的决定性贡献。同时，刘少奇、彭德怀、贺龙等人得以平反昭雪。中国在思想、政治、经济等各领域拨乱反正，民族精神很快得到振兴，中国各地努力弥补过去、竭尽所能发展的热情也让我印象深刻。

在此，我想要感谢中国外交部和新华社为我工作提供的帮助。我个人还想感谢当时为记者站担任过翻译的中国人，尤其我的第一个翻译Bi Wufeng和最后一个翻译"王"，要是没有他们大力支持，我的工作恐怕会增加许多难度。

当时，古中政治关系停滞不前，但古巴派驻中国的大使都很有名望，比如30年代有原则、讲纪律的古巴共产主义运动领袖拉迪斯劳·冈萨雷斯·卡瓦哈尔（Ladislao González Carbajal），还有有眼界、有远见的罗兰多·洛佩斯·德尔阿莫（Rolando López del Amo）。洛佩斯·德尔阿莫1984年到中国担任大使，主要任务是在中国推动内部变革、调整外交战略的背景下促进两国合作。在他任期内，1987年4月，古巴全国人民政权代表大会主席弗拉维奥·布拉沃（Flavio Bravo）访华；1988年1月，古巴内政部长何塞·阿尔贝托·纳兰霍（José Alberto Naranjo）、外贸部长里卡多·卡布里萨斯和国家银行行长埃克托尔·罗德里格斯（Héctor Rodríguez）访华。据洛佩斯·德尔阿莫回忆，何塞·阿尔贝托·纳兰霍访华之旅取得了重要经济成果。此外，在中方倡议下，双方作出推动两党关系正常化的历史性决定。

1988年8月，中联部拉丁美洲局局长李北海率团访问古巴，受到古共中央政治局委员豪尔赫·里斯克特（Jorge Risquet）接见。同年9月，古共中央负责国际关系的副部长塔尼亚·马塞拉斯（Tania Maceiras）率团访问中国，两党关系正常化正式提上日程。此后，古中交流交往拓展到各领域，古巴各领域代表团纷至沓来。

那时候，中国老百姓对古巴最深的印象大概来自中国和古巴女排之间的多次较量。80年代，古巴和中国在世界排坛是强劲对手，古巴主攻手米雷娅·路易斯（Mireya Luis）十分具有感染力，是当时在中国最受欢迎的外国运动员。

1989年9月，我圆满结束在中国的记者生涯，回到了古巴。

亚洲事务协调人

20世纪90年代，古巴形势尤为严峻复杂。随着东欧剧变、苏联解体，古巴失去主要经贸伙伴，经济陷入巨大困境，国民生产总值在几年内骤降35%，物资出现严重短缺。由于苏联在解体前已大幅减少对古巴的燃料供应，古巴经常大规模停电，许多工业陷入瘫痪。

同时，美国从1961年开始对古巴实施的经济、贸易和金融封锁——这实际上是对古巴发动的经济战——在当时也愈演愈烈。美国人认为，古巴政府和民众经不起如此强烈的打击。

面对艰难局势，菲德尔呼吁民众调整策略、努力适应、顽强抵抗外部冲击。他强调，最重要的是要捍卫古巴革命的胜利果实。时任古共中央第二书记劳尔·卡斯特罗号召大家"可以做到"——这句口号就像一首战歌，流传至今。事实证明，古巴做到了。

我在1991年进入古共中央国际关系部工作，负责同中国共产党的联络。一年后，我被任命为亚太地区事务协调人。在那段艰难时期，亚太国家各类代表团纷纷访问古巴，因此我们工作强度很高。

随着古中党际关系正常化，两党、两国政府、各类组织和企业之间的交流日益频繁。1988年年中，阿曼多·格拉·门切罗（Armando Guerra Menchero）出任古巴驻华大使。他曾任古巴驻日本大使长达11年，是一名经验丰富的外交官，但随着驻华使团规模不断壮大、两国交流持续推进，他这次赴京工作一点也不轻松。1993年是古巴形势最危急的一年，这一年，时任中国国家主席江泽民对古巴进行国事访问，成为那年唯一访问古巴的外国元首，他的到来具有深远意义。此外，后来成为中国领导人的胡锦涛、温家宝、李瑞环、吴邦国、张德江等也相继访问古巴。而古巴领导人卡洛斯·拉斐尔·罗德里格斯（Carlos Rafael Rodríguez）、比尔玛·埃斯平（Vilma Espín）、何塞·拉蒙·马查多·本图拉（José Ramón Machado Ventura）、豪尔赫·里斯克特、何塞·拉蒙·巴拉格尔（José Ramón Balaguer）、里卡多·卡布里萨斯等也先后访问了中国。

1995年，菲德尔·卡斯特罗首次访华，古中双边关系达到了历史最高点。菲德尔在北京与江泽民主席、李鹏总理等中国领导人举行会谈，还参观了西安、上海、深圳、广州等城市，他非常赞赏中国在各领域取得的巨大成就，也高度评价了中国为实现全面现代化所作出的规划。这次圆满的访问牢固了古中友谊。

对我来说，作为菲德尔·卡斯特罗出访团一员是莫大的荣幸，也是深入了解这位伟人的绝佳机会。菲德尔知识渊博，分析能力超群，常能看到其他人没注意到的细节。他坚守原则，眼光独到，严于律己。

1997年，劳尔·卡斯特罗首次访华，同样意义重大。劳尔·卡斯特罗在华期间访问多地，充分、深入了解了中国所取得的坚实进步和所积累的丰富经验。

何塞·路易斯·罗瓦伊纳（左）和胡锦涛（右）。

再续前缘

世纪之交的中国不再是过去的中国，它已经成为一个经济蓬勃发展的强国，在社会、科技乃至军事等领域都取得了长足进步。在国际舞台上，中国始终倡导各国共同努力维护和平、多边主义、开放包容、尊重多样性、不干涉他国内政——中国声音和中国行动备受尊重，中国在世界上的影响力显著上升。

1999年，我结束古共中央亚太地区事务协调人的工作，被任命为古巴驻华使馆公使衔参赞，也就是驻华使馆的二把手，大使是我的老领导阿尔韦托·罗德里格斯·阿鲁菲（Alberto Rodríguez Arufe），他非常擅长开展组织工作，能十分敏锐地找到处理和解决问题的最佳时机。

我的新岗位和我过去的经历完全不同，我不得不在新环境中从头学习外交事务。当时的环境是这样的：一方面，古中双边关系处于历史最好时期，有利于开展许多工作；另一方面，北京聚集着世界各国政府和机构的派驻单位，与他们打交道有一定复杂性。

随着两国关系不断推进,双边合作几乎涵盖了所有领域,中国成为古巴最重要的经贸伙伴之一,两国在国际事务中也保持着密切协作。在古巴,从公共交通、电子通信、电视技术,到石油勘探、太阳能发电、圣地亚哥港口等基础设施现代化,到处都有中国的身影。中国还为古巴教育、公共卫生和工业等领域提供了重要原材料。特别是古中在生物制药和生物技术领域也开展了重要合作,并在抗击新冠疫情时发挥了积极作用。

2003年,菲德尔·卡斯特罗再度访华。2005年和2012年,劳尔·卡斯特罗又分别两次访问中国。米格尔·迪亚斯-卡内尔·贝穆德斯在2018年当选古巴国家领导人后首次出访就去了中国。胡锦涛主席曾在2004年访问古巴,习近平主席则在2014年对古巴进行国事访问。在古中共同努力下,两国高层领导人互访不断,双边政治互信不断加强,友好情谊不断加深,为世界树立了榜样。

亲历哈瓦那大学汉语教学

李艾（古巴哈瓦那大学孔子学院前中方院长）

孔子学院院长是一个背负特殊使命的群体，我们来自五湖四海，集结在首都北京培训，通过考核、获得证书后，就带着祖国人民的寄托，展翅飞上蓝天，排成人字的鸿雁，振翅高飞。这群大雁飞往不同的国度：意大利、法国、葡萄牙、哥斯达黎加、古巴、墨西哥、日本、阿联酋、哈萨克斯坦、印度、埃及、肯尼亚、冰岛、巴基斯坦、阿富汗……于是遍布五大洲四大洋的孔子学院，就如雨后春笋般遍地生根、发芽、开花、结果……

不同的国度、千差万别的文化、天壤之别的生存条件、教学条件和各种复杂的人文环境和自然环境，考验着我们每个人的学识、智慧、意志和忠诚。我们忠于职守，我们顶风破浪，我们克服各种艰难险阻，我们与死神擦肩而过，我们用毅力坚守，传播着祖国的汉语言文化，我们有着共同的理想：向世界说明中国，让世界人民更好地了解中国。希望我们的祖国更加繁荣富强。

2009年我在古巴哈瓦那大学孔院任中方院长。古巴，加勒比海的明珠，我这次出任院长是第三次去古巴。退休四年后的我重返哈瓦那，这需要勇气和梦想。2004年国庆招待会上古巴人民的领袖菲德尔·卡斯特罗当着我国驻古巴大使李连甫夫妇对我说的那句话"什么时候开始咱们的汉语课？"一直萦绕在我的脑海里。记得当时说好了一周后上课。本以为当年10月20日就能教他汉语了，心情十分激动。没想到就在这

李艾。

周内,他在一次演讲的会场上被脚下话筒的电线绊倒,摔伤了腿。这位世界伟人,拿出刮骨疗毒的英雄气概,在局麻的状况下,亲自观看荧屏上医生是如何给他做手术的。以后就是伤筋动骨100天……很快我到了退休的年龄,也就回国了。

哈瓦那大学孔子学院的前身是哈大外语系汉学中心。2009年11月29日,哈大孔院正式挂牌成立。正如哈大孔院外方院长克里斯蒂娜·洛佩斯(Cristina López)博士在北京市委的一个代表团参观孔院时介绍所说:"早在2002年我们哈瓦那大学的孔子学院就建立了,哈瓦那大学270多年历史上,第一次开设了汉语课,现在是在已有三个汉语本科生班的基础上开始的,我们任重而道远。"我亲历了2002年哈瓦那大学汉学中心创建的全过程,幸运地成为哈瓦那大学首任汉语教师。

哈瓦那大学汉学中心是中国政府援助海外的少数几个率先利用多媒体进行汉语教学的实验课堂。这种走在时代前列的教学设置,对于一个像我这个年纪的老教师来说,一开始就是严峻的挑战。但是强烈的责任感和敬业精神不允许我有半步的后退。我咬紧牙关,硬是用年轻人那种刻苦学习新事物的精神,学会了操纵并使用多媒体电子教室,开始进行海外零起点对外汉语教学的尝试。

西班牙学生莫帝和李艾老师拿着第一版的《新思维汉语》在北京语言大学教一楼。古巴哈瓦那大学当年就是用这套教材进行汉语教学的。

没有现成的多媒体课件，于是我开始把《新思维汉语》第一册初稿（在西班牙教课时的教案）制作成适用于多媒体电子教室的课件。因为素材是在西班牙试用过的，也有学生反馈的意见，因而改成多媒体课件也就得心应手多了。

"实践是检验真理的唯一标准"，此次去古巴，带给我再一次试用《新思维汉语》的机会。这么好的教学实践平台，又有教学进度的压力，促使我开始在古巴着手编写第二册。因哈大学生最高只有第二册的水平，第三册和第四册的编写和试用只能在古巴外交部直属的古巴国际关系高等学院完成。2009年我出任孔院中方院长时，《新思维汉语》已由外语教学与研究出版社正式出版两年了。该校这批外交官学员基本都是在中国留过学的，中高级的课本正好帮他们巩固和提高汉语水平。他们中的好几位，现在都在古巴驻华使馆工作。古巴驻华大使白诗德说着一口流利的普通话（他是北语20世纪80年代的毕业生）。公使衔参赞唐尼娅现在是广州总领馆的总领事。政务参赞何塞、一秘卡洛斯、领事巴罗、随员卡丽娜个个十分活跃，他们勤奋好学。

这套为母语是西班牙语的外国学习者量身定制的汉语教材和先进的教学模式取得了令人赞叹的教学效果。在古巴哈瓦那大学两年多的汉语教学实践中,我收集和整理了零起点学生教学案例138个,辅导了非零起点学生完成汉语言研究的论文。在汉字教学中,我推出认字与语音同步,先扫掉汉字拦路虎的方法。由于突出了部件教学的功能,采取集中识字、对比识字的手段,98%的学生在第一学期就能掌握拆分汉字的方法,并取得按汉字的偏旁部首分类写出1568个汉字的好成绩。这为学生日后科学、自主、规律地识记汉字打好了基础。

我还教会学生利用计算机通过汉语拼音输入法书写汉字,并逐字打出汉语拼音四个声调的调号。学生安赫尔使用汉字书法软件3个月就写出了字迹工整、包含50多个偏旁部首的汉字800多个。教会学生自主学习汉语的方法是教师的首要任务。学生凯萨使用金山词霸自主学习,整理出数千字的课堂笔记。年过半百的学生——医学博士玛丽娅从零开始,仅仅两年时间,便能独立查阅汉西、西汉字典,写出1534字的作文。文中写出她的求学经历,叙述了她取得博士学位的全过程,详细介绍了她的工作单位"古巴国家心血管淋巴管外科研究院"和她作为黑皮肤华裔古巴人复杂的心路历程。学生米尔塔,一位金发白皮肤的姑娘,她是西班牙后裔,也是哈瓦那艺术博物馆的研究员。她学习刻苦努力,做事严谨、一丝不苟。我和她合作翻译了《新思维汉语》1—4册的全部汉语生词,正确率达98%。

有一天晚上,严美华主任突然给我打来电话说:"李艾,你快看CCTV4!你的古巴学生吴迪在来华留学生汉语桥比赛中入围,进入前五名了!"果然还是那张熟悉的小脸,浓密的黑头发,高高的鼻梁,只是胖了许多,他的汉语说得更流利、更自如了。据他的指导教师讲,他饱含真情地朗诵了台湾诗人余光中的《乡愁》,令当场的评委和观众为之动容和流泪。他是上海来华留学生汉语桥比赛的第一名。来北京参赛时的才艺表演环节,他唱了一首汪峰的《飞得更高》。浑厚的嗓音、准确的音阶、标准的汉语吐字自然是博得了经久不息的掌声。

我从电脑里找出了2010年12月在哈瓦那我逐字逐句帮他修改后的那篇发言稿,往事又都浮现在眼前:

让梦想插上勤奋的翅膀
吴迪

小时候妈妈经常给我讲有关中国的故事,给我看那些介绍中国名胜古迹的杂志和明信片。那时我经常在梦里看见巍峨的故宫、壮美的天坛和幽静的颐和园。在梦里我登上了万里长城,我漫步在西安的碑林和兵马俑。古代中国人创造的奇迹震撼着我的心。有时我会梦见我有一双隐形的翅膀,带我飞到了苏州、杭州、少林寺、洛阳的龙门石窟和长江三峡。中国的园林艺术和佛教的雕刻艺术深深地吸引着我。在梦里我几度笑醒,因为我看到了哈尔滨的冰灯冰雕、桂林的石林岩洞和漓江的渔舟晚霞;我展开奋进的翅膀飞向辽阔的内蒙古大草原,跨上骏马驰骋在开满野花的草原上,奔向我梦中向往的中国。

我渴望着去中国留学,从此我便开始学习汉语,汉字写起来就像画画一样好看,汉语说起来就像唱歌一样动听。我觉得学习汉语非常有意思,我特别喜欢唱中国歌。

哈瓦那大学有280多年的历史,于2002年创建了第一个汉学专业,2005年招收了本科生一直到现在,我就是其中的一员。现在在孔院学习汉语和汉语言文化。越来越多的古巴人怀着浓厚的兴趣学习汉语。我对中国文化的兴趣越来越浓,在学习的过程中掌握的知识还真不少。

我想借助汉语桥这个舞台,来感谢生活、感谢所有教过我的汉语老师。世界各地的对外汉语教师,是他们帮我们大家实现了我们的梦想。

清楚地记得当时吴迪把上面的讲稿一字不差地全都背下来了,语音是经过教师逐字逐句纠正过的。可是比赛时由于紧张,讲述过程中他竟然忘词了,我们鼓励他继续努力,告诉他今后还有机会。

果然两年后他来到苏州昆山,在一所军事院校学习。我们通过电话,当时他来中国已经一年多了。孩子长大了,进步了,这次他再次冲刺进军北京,获得了成功。我在电话里向他表示了祝贺,他对我说:"老师,在中国一次次的比赛中,我找到了自己的差距,我一定会加倍努力!好多同学比我好,他们是我的榜样。"

记得2010年冬天,吴迪把他的这篇初稿交给我后不久的一个星期天,他父母请我们夫妇去了他的家。那是一个神秘的院子,一栋非常普通的楼房,一套不大但非常干净的单元房。屋内的摆设简洁明快。坐下来深聊,方知他父亲竟是老卡警卫局的局长。古巴的官员很简朴很自律,尽管他父亲从16岁开始就跟随劳尔·卡斯特罗打游击,也算老革命了,但没什么特权。他母亲是叙利亚姑娘,有一副黄莺般的歌喉,说着说着她便唱了起来,一首接着一首,哪国的歌她都会唱。我们还一起用汉语唱了《美丽的哈瓦那》,也用俄语唱了《莫斯科郊外的晚上》,还用法语唱了《国际歌》。小屋里充满着团结友好的气氛。我这才明白为什么吴迪那么会唱歌,被班上同学誉为"情歌王子"。他会唱的汉语歌,数得上来的就有20多首并且所有的歌词都背得下来,吐字清楚。

2010年,吴迪是哈瓦那大学本科二年级的学生。哈大的教程在三个班52名学生中是正规的本科教育,我们参照北语的课程设置,又因地制宜地制定了哈大的教学进程,细化到每周的进度表。后来又陆续开设了公务员班、成人周末班,学生人数增加到208人。人手不够工作量越来越大,加上美国对古巴的封锁,伙食也不是很好,但全体教师从不喊苦,不叫累,一直积极地工作着。教师在哈大外语系学西班牙语,学生跟我们学汉语,互帮互教互学,全体师生团结友爱,愉快地工作着学习着。

2010年10月28日，中国教育部派来的代表团参观哈大孔院，与学生接触交谈。因为我们刚刚举办过汉语桥比赛预赛，学生所有的发言都是背下来的，发挥好的就自然些，紧张的就生硬点儿。特别是一篇《我爱中国》的演说词，让中国客人听得津津有味。大家对古巴学生的汉语表达能力大为赞赏，连声说："太棒了，太棒了！"代表团成员翻阅了学生们的汉字本，学生们的汉字书写工整，格式规范，大家更是赞不绝口。团长感慨地对随行人员说："他们的字比咱们中国有些个别的小学生写得还要好！"又是一阵掌声。学生们还用汉语唱起了流行歌曲《彩虹》和《童话》，中国代表团中的年轻成员也情不自禁地加入了这一合唱行列，他们还送给前排就座的同学小礼物。大家哼起了《北京欢迎你》这首歌曲。在这些演唱过程中，吴迪表现得都很出色。于是我安排他指挥了我们孔子学院的大合唱，在庆祝2010年中古建交50周年时，师生同台用汉语演唱了《美丽的哈瓦那》《友谊地久天长》。女同学还表演了中国的扇子舞和红绸舞。孩子们的表演受到了古方官员和使馆外交人员的高度赞赏。代表团的人不断表示欢迎他们去中国、去北京。

我们孔院同古巴文学与艺术家协会联合办了高端人士沙龙，这个沙龙是周期性的。我们根据作家、画家、艺术家等人士的要求，用西班牙语讲授中国文化，讲授《论语》《道德经》《易经》《中国的十二生肖》《成语故事》的精华部分。为配合中古建交50周年活动我们还举行了"中国电影周""中古建交50周年图片展"，上百张历史照片全部都配上西班牙语解说词，其工作量之大是难以想象的。哈大孔院的青年教师也个个能吃苦，工作积极肯干，不计较得失。

往事历历，无怨无悔，我们曾携手同心，一步一个脚印地走过来，走过来。后继者还将脚踏实地地走下去，走下去。

我在孔院当院长

约尔贝丽斯·罗塞尔（古巴哈瓦那大学孔子学院前外方院长）

古巴首都哈瓦那有个中国城，那里几乎已经看不到中国人了，但他们的后代仍然保持着独有的传统风俗。事实上，中国文化和非洲、西班牙文化一样，在古巴民族文化构成中占据着非常特殊的地位。

1847年至1874年间，超过15万中国人抵达古巴，目的是取代非洲奴隶的劳动。这些非洲奴隶背井离乡，在古巴土地上扎根，遭到殖民者的虐待，而从遥远中国来的人也同样遭到了殖民者的剥削。这些中国人想回中国，可是又没有钱，于是定居在这个加勒比岛国，做小生意、开餐馆、做手工艺品，他们的风俗习惯影响了当地人，也丰富了古巴的文化。

古巴民间有很多跟中国人有关的很有意思的话。何塞·马蒂的战友贡萨洛·德克萨达有一句名言："没有一个古巴华人是逃兵，没有一个古巴华人是叛徒。"这句话被刻在哈瓦那的旅古华侨纪功碑上，纪念中国人在19世纪末古巴人民推翻西班牙殖民统治的独立战争中所作的贡献。再比如，古巴人经常说"连中国医生都救不了你"，说的是中国大夫医术高超。

我记不清"中国"从什么时候开始成为我生活中的重要部分，但肯定是从我在哈瓦那大学孔子学院工作期间开始的。总之，我对中国文化——包括中国的烹饪习俗、汉语，对中国音乐、历史、文化、哲学，

约尔贝丽斯·罗塞尔。

甚至玄学——充满了兴趣和热情。

我第一次接触中国年轻人是在哈瓦那大学对外西班牙语系举办的春节庆祝活动上。我有好几个朋友在对外西班牙语系工作,我是陪他们去的。系里的中国学生都来自当时古中政府间的一个合作项目,古巴政府为这些中国相对落后地区的学生提供奖学金,他们到古巴后先学西班牙语,再念本科或研究生。在一个专门为中国学生设立的校区里,看着他们庆祝中国传统节日,就像是自己去过了这个国家一样。那天,我吃到了中国学生亲手做的中国菜。

几年后,我开始在孔子学院工作,进一步了解和感受中国传统文化。我们还和教师们一起组织各类活动,从汉语入手,向学生们分享和介绍中国传统节日和中国人强调的家庭和睦等传统理念。

2006年,春节被列入中国第一批非物质文化遗产保护名录,而每年在哈瓦那中国城里举办的迎春活动也总是特别令人难忘。孔子学院作为汉语和中国文化的捍卫者,总是积极弘扬中华传统风俗。春节期间,中国城里的中华总会馆等华人社团、中国艺术与传统之家等中国文化传播机构、古巴武术学校等，都会和孔子学院共同举办演出、讲座、推介等活动，带动华人群体参与其中。春节期间，中国城盛装打扮，充满了节日的欢快气氛。

我的首次中国之行

我第一次去中国是在 2018 年 10 月。我从哈瓦那飞莫斯科，经莫斯科到达北京，又从北京到了厦门，经历了长途旅行。那次中国之行让我在情感上几经起伏：出发前，想到第一次去一个不说西班牙语的国家，十分忐忑；想到要跟其他孔子学院的院长交流，有些恐惧；另外，还要跟家人，特别是我幼小的女儿分开一段时间……种种担忧后，我还是去了中国，之后在那里经历的每一件事都让我越来越爱上这个国家，爱上她的历史、文化、人、美食、风景等。让我印象最深的是，中国人尊重历史，热情好客，十分注重细节。最重要的是，我十分赞同孔子学院创办的理念——它致力于传播、推广和教授汉语和中国文化，从而促进大学之间、国家之间的国际化合作与交流。

中国之行从另一视角为我打开了通往一个已知世界的大门。我和其他国家的同行讨论中国政治、贸易、战略合作，分析世界局势，倾听他们眼中对中国的看法。在和他们的交流中，我发现，只要有坦诚沟通和促进合作的意愿，语言从来不是障碍。

那次穿越大西洋、历经近 48 个小时飞行的中国之旅真是不虚此行。那年 10 月在厦门大学相识的我们至今保持着联系，我们时常交流工作经验，出于对汉语和中国文化的热爱，我们都努力在本国和中国之间建立一座强大、宽广、多元的文化桥梁。

从哈大孔院看中国

古巴和中国的交往源远流长，尤其自古巴革命胜利以来，两国文化交流丰富多彩，在古巴建立一所孔子学院就是两国友好合作的一个例子。哈瓦那大学孔子学院成立于 2009 年 11 月 30 日，但早在 2007 年，哈瓦那大学和汉办就签署了关于在古巴设立汉语教学中心的合作协议。如今，哈瓦那大学孔子学院是古巴唯一一所孔子学院，且古巴尚未开设汉语本科课程或类似的汉语研究专业，因此孔子学院在古巴的汉语教学方面发挥着尤为重要的作用。哈瓦那大学孔子学院最早在大学体育场的一个地方开课，后来随着汉语学习需求不断增长，哈瓦那大学、古巴高等教育部和汉办重新选址，最终孔子学院搬到了中国城一处空间更大的建筑里，学院配有教学课堂、语言实验室、图书馆和办公室。

这些年来，哈瓦那大学孔子学院成功举办了一系列学术研讨会、知识竞赛活动以及中古各自或合作的文艺演出和中国传统节日庆祝活动；学院还接待了许多中古文化界人士、享誉国际的艺术代表团以及著名学者和专家。哈瓦那大学孔子学院也为古巴青少年和成年人组织汉语考试。随着中国在世界政治、经济格局中的地位不断提升，以及中国和古巴长久以来的友好关系，学习汉语将为古巴人带来更多就业机遇。

我到哈瓦那大学孔子学院先担任外方副院长，几个月后成为外方院长。可以说，在这里的每一天对我的个人成长和职业成长来说都充满了挑战和机会。我最感恩的，就是能在中方院长陪伴下，与一群中国和古巴教师一起工作。孔子学院中外合作办学的特点无论对教师还是对学生来说都有益处，古巴师生可以直接与中国人交流，从而更好地学习汉语、理解和阐释中国文化。在中国汉办、中国驻古巴使馆和其他相关机构的支持下，我们组织了许多中国主题的活动。我举几个例子：

"汉语桥"比赛：在组织"汉语桥"比赛的过程中，我们得到了中国驻古巴使馆的大力帮助，也为此付出了许多努力。汉语桥是每年孔子学院最重要的赛事，参赛者需要展现语言表达的准确性和熟练性。我们很高兴看到参赛学生和老师们一起积极备赛，但最重要的是，师生们通过比赛建立了美好的友谊，而比赛则成为参赛者庆祝自己辛勤付出的盛会。收获知识，永远是最好的奖励。

迎春活动：春节期间，哈瓦那大学孔子学院不上课，但会组织许多庆祝活动，如做饺子（让学生学习和体验擀面、包饺子、煮饺子的过程）、中国传统服饰走秀、剪纸，以及绘画、唱歌、折纸、用筷子等比赛。我最美好的经历之一，就是看到我们的学生和中国教师一起，跟古巴民众分享中国文化。

书展：2018年古巴国际书展的主宾国是中国，哈瓦那大学孔子学院第一次通过展台的方式参展。从那以后，每年的古巴国际书展成为孔子学院与古巴民众直接互动、推广中国文化活动的一个重要空间。书展期间，我们接待过许多重要的作家、电影人、艺术家代表团，并邀请他们到孔子学院跟我们学生和广大中国文化爱好者进行交流。

"中国馆"："中国馆"是在哈瓦那大学孔子学院图书馆的基础上建成，外观美丽，馆藏图书丰富，如今已成为学院中国文化的象征，也是来访者必会参观的地方。在"中国馆"内，我们会举办图书推介、文学茶会、影片展映等活动，来访者也可以来这里查询资料。

目前，我们在积极与哈瓦那大学多个专业协调，推动中古相关的课题研究，从而扩充我们的服务内容，增进两国文化合作，进一步在哈瓦那大学和古巴社会层面推广汉语和中国文化。

看着每年那么多古巴青少年和成年人顺利完成孔子学院的课程，并对孔子学院产生归属感，我感到十分自豪。同时，我们团队在工作中经过几年磨合，培养出了深厚友谊。我们每天分享着喜怒哀乐，像一个不断壮大的大家庭。

看着一些中国教师结束任期离开古巴，也看着另一些新的中国教师来到古巴，我们有泪水，也有欢笑。这也是我作为院长最喜欢的一点：我知道，每一位到来的中国教师都会成为我们与众不同的、终生难忘的朋友。

爷爷口中的中国

劳尔·门查卡（古巴时钟电台记者、新华社哈瓦那分社雇员）

移民的到来，让中国对于古巴来说不再那么遥远。从1847年6月起，大批中国劳工被骗来到古巴，过着半奴隶的生活。随着时间推移，中国人越来越多，中国文化和其他一些国家文化在古巴交融，形成了独特的古巴文化。那些谦卑的中国移民逐渐出现在本地社会生活中，通过他们，古巴开始了解中国，尽管在许多古巴人眼中，中国仍是一个遥远而神秘的国度，那里的人们有着不同的生活方式和趣味。

我童年时住在哈瓦那的瓜纳瓦科阿（Guanabacoa）。对于当时只有六岁的我来说，家附近一间洗衣店里的中国人特别神秘，他们每天都吸引着我的注意。那间洗衣店和我祖父家只隔着五六扇门。我爷爷也是移民，是西班牙加利西亚人，他经常带我去街角的杂货店买东西，去杂货店绕不开那间洗衣店。洗衣店有一扇门，门两侧有两扇西班牙风格的又高又窄的窗，窗外面围着铁栅栏。我对洗衣店里冒出的蒸汽感到好奇，好几次爬上那简陋的栅栏，望进去，总能看到一些只穿着粗白布宽腿裤的小个子中国人在好几个大缸前忙碌，大缸里则煮着衣服。蒸汽、热气，还有肥皂里碳酸钾的味道混杂在一起，在我幼小的脑海中浮现出一个奇妙的场景：那些男人好像在和隐形的敌人战斗，最后把敌人驯服了——他们用一些奇形怪状的熨斗把衣服熨得服服帖帖的。

洗衣店里还有一根杆子，上面用衣架挂着干净的衬衣、瓜亚贝拉衫和裤子。顾客来取衣服时，柜台里的中国人总是笑眯眯地收钱，极其熟练地用一张牛皮纸把衣服包裹成一个近乎完美的正方形,还不会在衣服上弄出一丝褶皱。那个中国人西班牙语讲得不太好,但他在招待顾客,特别是收钱的时候,交流起来丝毫没问题。

我不知道那家洗衣店的营业时间,也不知道那里究竟有多少工人,但我记得我爷爷说过一句话:"那些中国人非常勤劳。"这句话我听时无心,但多年后的一个晚上,我坐飞机经过上海上空时,这句话突然浮现在我脑海中。

几年后,我们家从瓜纳瓦科阿搬走,那些不相识的中国人在我心中的记忆变得模糊起来。当然,关于中国和中国文化的知识又出现在了小学课本上,我记得是刚开始学古巴历史的时候讲过,但只是粗略提及,是关于中国人曾参与过古巴独立战争的内容。

那些年里,在哈瓦那人的家里,也不难看到毛泽东的"红宝书"。我记得那书是精装版的,好像是在中国印刷的西班牙语版本。

后来,国际政治风云变幻,古中两国曾疏离若干年,但在这里的古巴人和中国人远离那些政治纷扰,仍保持着邻里间的亲切和关心。

1995 年,劳尔·佩雷斯导演的电视剧《起义之龙》播出,讲述了一些中国人加入古巴起义军、帮助古巴摆脱西班牙殖民的故事。许多古巴人通过这部电视剧加深了对中国的印象。

就在《起义之龙》播出的 20 世纪 90 年代,古巴和中国的关系有了积极的发展,各领域的交往开始多了起来。也是在那段时间,我在职业生涯中不断进步,开始作为随团记者陪同菲德尔·卡斯特罗出访。

1995 年,菲德尔访问了中国、越南和日本。出访前我们就知道,这次对亚洲的访问时间长、国家多,随团记者不可能全程随同,也就是说,我们会分为三组,分别到这三个国家打前站。我最希望被分到去北京的那组,当时,中国政府推动的政治经济转型赢得了广泛赞誉,北京正走在改革前沿。我十分确信，我们所有人都希望被分到中国去，因为我们都想去看看这个走出了独特的、具有中国特色社会主义道路的国家，但不是所有人都那么幸运，好运并没有降临在我身上，我被派到了越南，虽然越南距离中国很近，但我感到中国在离我而去。好在，不久后，我便与中国结缘了。

1997年年中，当时的新华社哈瓦那分社首席记者孙光英请我到分社工作，我接受了，就这样成为第一个为新华社哈瓦那分社长期工作的古巴人，还和孙光英建立了良好的个人关系。

我还在分社认识了郑建东、赵凯等中国同事，他们工作十分出色，后来在拉美总分社和北京总社担任重要职务。这些年来，我见证了新华社不断成长发展为全球性新闻机构。

从加入新华社开始，我开始更近距离地感知中国，不仅在地理上，更在文化上觉得自己离中国越来越近——我不断探索中国文化，它与我们的文化非常不同。

在为新华社工作的同时，我一直保留着在时钟电台的工作。时钟电台是古巴主要电台之一，当时，电台同事将我推选为古巴记者联盟的主席团成员之一。没想到，成为古巴记者联盟主席团成员，竟使我不久后得到了一个前往中国的机会。

2011年，中国记协邀请五名古巴记者到中国进行一个星期的访问。那年12月15日，我和其他四位同事一起去了北京，在中国记协总部与当时的秘书长、国际联络部副主任，还有美洲地区事务的负责人等进行了交流。

我们乘坐俄罗斯航空，在莫斯科停留了几个小时，终于抵达中国首都。这是我第一次直接接触中国，坦率说，眼前的中国超出了我们所有人的预期。

在接下来的时间里，我们对中国有了更深入的了解。从那次旅程的头一天到最后一天，我们的行程被安排得满满当当，这也让我们近距离观察和理解中国社会、历史、文化和经济现状。另外，我们还跟一些中国记者和多个媒体机构负责人进行了坦诚的对话。

在七天时间里，我们乘坐火车、大巴、飞机穿越数千公里，去了北京、井冈山、吉安、南昌和上海。

在北京，我们参观了长城和故宫；在革命的摇篮井冈山，我们参观了五指峰；在南昌，我们参观了南昌八一起义纪念馆、红军医院；在上海，我们参观了中共一大会址。此外，我们还去了许多其他的历史文化古迹。

在这些与中国近代史息息相关的地方——其中一些地方位于偏远地区——我们不仅感受到了人文气息，还欣赏到了自然美景，那大片大片的绿色，和古巴田野十分相似。

尽管行程紧张，但所到之处，都可以感受到中国那股建设热潮。从最小的空间到最开放的区域，都能看到工人们日夜劳作。这给我们留下了深刻印象。

此外，当时中国电信业发展迅猛，移动电话和无线网络已被广泛使用，展现出中国经济的发展活力。

从社会角度来看，走在中国大街小巷，见不到携带武器的警察，这让人感到平静和安全。也可以看出，最近这些年，尤其改革开放以来，中国社会发展进步迅速，民众生活质量得到显著提高。

在这次旅行中，让我记忆犹新的是去参观华为在上海的研发中心。在研究所建筑群里，1万多名研发人员推动着中国现代无线通信技术的发展，通过云平台、电话、电视、电脑等媒介可以从任何地点永久、灵活、安全地连接，云平台还能控制用户操作。

劳尔·门查卡在上海。

作为记者，我们还和《经济日报》《井冈山报》《江西日报》《解放日报》等报社的领导干部进行了交流，他们分享了对当今中国新闻业发展的看法，非常有意思。

我们还参观了中央人民广播电台，电台所在的宏伟建筑和电台使用的先进技术让人印象深刻。我们还走访了一些节目制作工作区，亲身感受到中国在各方面所取得的飞跃式发展。

这次访问的最后一站是上海。我们参观了上海浦东新区，那里的高大建筑向世人展示了当代中国经济发展速度之快，而中国之所以能取得如此经济成就，既源于中国共产党强有力的领导，也基于中国人传统的勤劳美德。

2011年12月22日，我们再次乘坐俄罗斯航空离开上海，返回哈瓦那。夜里，在空中，我俯瞰这座城市的灯火——这是象征着改革开放的灯火，心中不禁想起爷爷的那句话："那些中国人非常勤劳。"

我与哈瓦那中国城

特蕾莎·玛丽亚·李·塞西略（中文名：李特利，哈瓦那华区管理局主任、中国艺术与传统之家主任）

我父亲七年前走了，母亲也在五年前离开了世界。我父母的结合纯属偶然，巧合的是，他们的名字都来自天主教，母亲叫格洛丽亚·德赫苏斯（Gloria de Jesús），父亲叫赫苏斯（Jesús）。失去双亲后，我心里空落落的，越来越害怕回到老家的房子——母亲曾说，那是我哥哥和我出生的地方，也是我父亲当年租下来、装修好，带母亲去见未来婆婆的地方。

可惜，家人或因自然原因，或因生活所迫，后来陆续从那个家搬走了。关于老宅，剩下的只有回忆。我很想将老宅保留下来，但逐渐感到无能为力。我在那里感受到的孤独在不断侵蚀我的灵魂。

到了55岁，我想到要记录下我家的故事。它或许平平无奇，但十分重要。作为见证这个家庭成长的最后一个尚存于世的人，我在想，等我某天离开这世界后，谁还能将它讲给下一辈听？我不希望我们的后代子孙在这个世界上失去家庭的根。

我的老家在一个名叫马德鲁加（Madruga）的小镇，距离首都哈瓦那65公里。马德鲁加四周环山，是一块天然宝地。那里有优质的泉水、肥沃的土地，那里也是丹松舞大师何塞·乌尔菲（José Urfé）出生、成长的地方。我印象中的马德鲁加干净整洁、阳光充足，到了周日晚上，镇上的小广场上总能看到当地人组成的乐队表演，乐队在广场上演奏，

特蕾莎·玛丽亚·李·塞西略（李特利）。

大家则聚在一起欣赏，像个大家庭一样。在我的记忆里，马德鲁加的每个角落都散发着和平、安宁、愉快的气息，山间的自然风景会触动你每个感官。古巴男人总说，马德鲁加女人天生丽质。

我曾去老家登记处查询我所有亲人的出生和死亡证明，才发现，我的曾祖父母来自广东，分别叫"Jacoy Cian"和"Jian Li"——证明上是这么写的。可能是翻译差错，我父亲的姓从"Cian"变成了"Cien"。我从前还跟父亲说，除了他，我没听说过姓"Cien"的华人。后来，我还发现，在马德鲁加的中国人几乎都有些亲属关系。

小镇上的老人说，镇上曾有一所女校、一所男校，男校的校舍曾是奥法里尔（O'farrill）家族的房子。奥法里尔是历史悠久的名门望族，拥有黑奴，控制着当地几乎所有的经济活动。奥法里尔家族是最早将华工引进马德鲁加的人。有文件说，当地的华工数量非常庞大，甚至在当地一个叫"卡亚哈勃"的大甘蔗园曾发生过华工起义。

20世纪上半叶，源源不断的中国移民在马德鲁加扎根，至今小镇上仍保留着李、方、周等中国姓氏。我们为此自豪，因为在这些华人后代中，有医生、科学家、艺术家、官员，还有无数勤劳、诚实、深受大家喜爱的普通人。

马德鲁加和古巴其他地方一样，有家喻户晓的"中国人的小店""中国人的房子""中国人的洗衣房"等一提到"中国人"就会想到的地方。我们家就曾开过洗衣房，老家的院子里至今还保存着那笨重的蒸汽锅炉。我父母在洗衣房工作，爸爸负责熨衣服，妈妈负责整条流水线的运转，而我从小就喜欢闻衣服洗干净后散发的香气。我们家的洗衣房是镇上唯一一家洗衣房，因此大家都叫我"中国洗衣工家的小姑娘"。

我哥哥叫赫苏斯·李（Jesús Li），比我大13岁。他天生弱视，为此做过多次手术，而为他做手术的医生姓何，也是华裔。虽然哥哥视力不好，但上天给了他一副天籁般的嗓子，他曾是古巴歌剧院第一男高音，代表古巴在世界各大舞台上大展歌喉。哥哥是我的精神支柱、我的导师、我的领路人。他特别喜爱阅读，尤其喜欢研究民族史，我受他影响，在大学读了历史专业。

或许是血缘的力量，冥冥之中，我们都背负起了祖先留给我们的使命。2000年，我来到哈瓦那中国城，开始在中国艺术与传统之家工作，当时并不知道，这一决定将我未来的工作和精神世界紧紧联系在了一起。

古巴的第一代华人已所剩无几且年迈体弱，但值得高兴的是，许多华人的子孙后代积极参加了古巴革命，也为古巴社会发展付出了自己的劳动。我有四分之一的中国血统，还有古巴和克里奥尔人血统。我有些同事有二分之一，甚至百分之百的中国血统，他们比我更具有代表性，我自认为是地道的古巴人，对自己的血统感到非常自豪，希望为我的国家作出贡献。因为我的中国基因，我还希望为跟中国相关的事业付出努力。

我在哈瓦那中国城已经工作了21年，经历了中国城各个发展阶段，从最早的哈瓦那华区促进会——这是20世纪90年代为庆祝中华总会馆建成100周年而设立,后归由哈瓦那城市历史学家办公室管理的华人机构——到目前,即在2019年哈瓦那建城500周年背景下,古巴政府决定重修哈瓦那中国城,恢复古巴唯一一个中国城的往日活力。

我从几年前开始担任中国艺术与传统之家主任。正如我们的口号所说:我们的梦想是复兴哈瓦那中国城。为了实现梦想,我们专注投入,同时,在这个科技进步飞速发展的新时代,我们的方式还要与时俱进。我们面临着艰巨的挑战和任务——从修复年久失修的住房,到发展信息化建立智慧社区——可以说,重修中国城的计划既要考虑到保留建筑的美感和历史价值,又要考虑现代人的需求,毕竟在现代人看来,处理生活中的许多问题就是动动手指的事。

当我们谈论古巴华人的文化传承时,总会说,早年的中国移民以男性为主,而男性以做工为生,文化传播能力有限。这种说法没错,但我们还应当作出一些更深入的思考。就我而言,回顾我的人生经历,从小我就被称为"(中国)洗衣工的女儿",而我身边一些华裔则有的被叫作"(中国人)菜贩的孩子""中医大夫的孩子"等,其实这也是文化传承。不管在过去还是在现在,许多有华人血统的家庭都有"讲礼貌""有教养""勤劳""诚实"的好名声,而这些都是中国人的传统美德。古巴还有句俗语,说"中国人积少成多发家致富",称赞中国人身上勤奋、踏实的优点,还有中国人从穿着到生活习惯体现出的谦虚和朴实。这些都是华人祖先传递给我们,我们又传递给后代的文化财富。

此外,我们尝试让我们的后代了解早期华人移民在古巴的生活情况。这一倡议得到了华人群体的积极响应,大家开始自发捐赠了许多物件,由于所捐之物数量大、价值高,我们开始筹备开设一家记录哈瓦那中国城华人生活的博物馆。收集、修复和展示这些珍贵的藏品成为我们的首要目标。我们最近收到一批曾经的中国城戏院里的粤剧演出服、中国乐曲的黑胶唱片,还有一些文学书籍和文件。这些物品十分珍贵,可以帮助我们重塑华人在古巴的历程，他们中有劳工，有富裕商人，有庄园主，有银行老板……包括我在内的华人群体都希望看到博物馆建成。

哈瓦那中国城位于中哈瓦那区，中哈瓦那是哈瓦那人口最密集的区。我们在推动复兴中国城计划时，要考虑如何利用好空间来传播中国文化。我们认为，应当优先考虑优化行人流动性，通过增加绿化来改善环境（中哈瓦那区绿地较少），恢复洗衣房等华区传统商业服务，增加女性就业，以及有针对性地为青年提供职业指导和培训。当然，所有这些计划都要根据古巴不断发展的经济模式进行调整。

复兴哈瓦那中国城的这项工作需要投入大量时间和精力，但最重要的是，需要我们整个专家和研究人员团队的爱和付出，以及所有中国文化爱好者的关注。正因为有了这些人，我们才得以走到今天，为中国城和华人群体成为未来哈瓦那的骄傲而继续努力。

我们的目标是：使哈瓦那中国城获得新生。我相信，包括我在内的华人群体都希望见证梦想成真。

我的中国和古巴

玛丽亚·特雷莎·蒙特斯·德奥卡·蔡（中文名：蔡玛丽，哈瓦那大学历史系教师、古巴华人移民研究课题负责人）

我和中国的渊源要从我的先辈说起。我父亲是古巴人，母亲是出生在古巴的中国人。我从小就为自己出生在这样的家庭感到自豪——我从母亲那里浸润了中国古老而精妙的文化，同时汲取了西班牙和古巴本土文化的养分。我是中古文化交融的产物。

中古文化在我家庭中的奇妙结合，要从我外祖父定居古巴说起。我外祖父名叫佩德罗·蔡（Pedro Choy），大家都叫他佩里科·蔡（Perico Choy）。家里人说，外祖父是1904年从美国加利福尼亚坐一艘叫"马西"（MAXIE）的轮船来到古巴的，身份是一家中国出口公司的代表。

关于外祖父的出生年份有多种说法，在他的各种文件中出现过不同记录，但长辈们判断，外祖父应该是在1878年到1882年这段时间出生的。可以确定的是，我们每年都是11月12日给他庆祝生日，直到他1968年去世。我记得，他去世时，长辈们都说他已年过90岁。

外祖父是广东开平人，沉默寡言，但很勤劳。他在哈瓦那住了没多久就搬到了马坦萨斯省的卡德纳斯（Cárdenas），在那里开了一个加油站，但似乎不太成功，因为没过多久他就去了拉斯维亚斯省的普拉塞塔斯（Placetas），在1906年开了一家名叫"古巴花"（La Flor Cubana）的五金店铺。普拉塞塔斯这座内陆城市是外祖父的福地，他和家人在那里安顿下来，直至他去世。

玛丽亚·特雷莎·蒙特斯·德奥卡·蔡（蔡玛丽）。

随着外祖父生意日益兴隆，1914年，他派人将他的妻子从中国接到了古巴。那些年里，外祖父的店铺就开在家里。他七个孩子里有五个也是在那个房子里出生的。

1922年，他在小镇中心找了个更大的门面，把五金店铺搬了过去，还新开了一家粮铺。他最小的两个孩子就是在那里出生的，其中一个就是我母亲埃莱娜（Elena），她生于1923年。

1929年至1930年间，经济危机席卷古巴，外祖父的生意也濒于破产。不过，没过多久，他就重振旗鼓，做起了别的生意。他开了一家加工咖啡豆的店，取名"胜利"（La Victoria）。店里还引进了一种烘焙过的小麦粉，大受顾客欢迎。外祖父的生意又兴旺了起来，为了到附近城市送货，他还买了三辆车。后来，他把这家店交给他儿子奥克塔维奥（Octavio），店名也从"胜利"改为"蔡和他的兄弟们"（Choy y Hermanos）。

我的外祖父和外祖母非常受邻里尊敬和关心。除了经营自己的生意，外祖父也为小镇社会、经济、政治发展作出了贡献。为此，1946年至1955年，他被推选为镇政府议员。

外祖父 1910 年加入了普拉塞塔斯的共济会，很多人记得，他在共济会里最喜欢当"大厨"，给宴会准备佳肴，中国菜和古巴菜都做，但最出名的还是他的"鸡肉饭"。他还加入了普拉塞塔斯的一个华人社团，社团所在的那栋楼 1887 年建成，1926 年因年久失修被推倒，他捐钱找人重新盖了起来，当地媒体称他帮助了很多华人。外祖父还热衷于当地的节日活动，也为那些活动捐过钱。我曾见过嘉年华上中国花车的照片。2018 年，普拉塞塔斯政府想重新组织开展这些传统庆祝活动，还邀请作为外祖父直系后人的我去主持开幕式，那次的活动还特意致敬了华人，尤其向当年为这些节日倾注了大量心血的外祖父。

历史学家贡萨洛·卡斯塔尼翁（Gonzalo Castañón）曾出版过一本关于普拉塞塔斯的趣闻集，书里的主角是我外祖父，由此可见外祖父早已在当地深入人心，并且受人爱戴。1957 年 4 月 13 日，普拉塞塔斯政府授予他"普拉塞塔斯之子"的称号。

外祖父外祖母建立了怎样的家庭？他们又为我们这些子孙后代留下了些什么？

外祖父母的房子占据一整个街区，四周由两米高的围墙环绕。这套房子有七个房间和一个大餐厅，院子里有四个大烘焙房。在院落里，还摆着几个大金鱼缸，也有几个花坛和一个鸟舍，鸟舍里养着几百只长尾鹦鹉。这一切充满了中国韵味。后来，房子还加盖了第二层，为的是让孩子们集中注意力念书。院子的一侧有个游泳池，这也是当时镇上唯一一个游泳池——外祖父做瓶装蒸馏水生意，顺便就建了这个泳池供孩子们玩耍。院子里养着猪、鸡、鹅、鸭，甚至孔雀，还种了很多古巴果树和一棵荔枝树，大家经常惬意地在树荫下乘凉。

外祖父母很重视对子女的教育，七个子女中好几个都学了医。后来，家里开了一间诊所，学医的孩子们就在诊所里当牙医、化验师、药剂师。诊所渐渐在当地和附近城市有了名气。

外祖父的大儿子娶了一位华裔，第一胎生的是女儿，取名玛丽亚。此后，家里仿佛形成了某种默契，所有孙辈、曾孙辈中的女孩都叫玛丽亚，再加上父母亲起的另一个名字。玛丽亚也是外祖母为自己取的西班牙语名字，正是她孕育了我们这个古巴华人大家庭。

我们还从外祖父母那里继承了中国的饮食习惯、尊敬长辈的传统美德以及勤劳、诚实、坚韧的精神。我对中国血统的归属感不断加强，还源于我母亲反复跟我说的一句话："永远记住你是中国人。"我从没忘记。

母亲的长辈早就给她安排了亲事，男方是附近祖鲁埃塔（Zulueta）镇一户跟我家关系亲近、家境富有的华裔人家的儿子。不过，母亲跟家人说，她早已爱上第一位找她看病的那个男人。他就是我父亲安赫尔·蒙特斯－德奥卡·埃雷拉（Ángel Montes de Oca Herrera），一个长相英俊的古巴人，身上流淌着西班牙人和土生西班牙人的血液，但和中国人没有任何关联。当时我父亲还很穷，但我外祖父只想知道他是谁家的儿子。当外祖父知道她是马科斯·蒙特斯－德奥卡（Marcos Montes de Oca）的儿子后，只说了一句话："他一定是个诚实的人。"他还说："我们生来贫穷，赤身裸体，是工作才让我们变得富有。"

1947年，我父母结婚。两年后，我出生了。又过了两年半，我弟弟阿曼多（Armando）来到了人世。我和弟弟有九个表兄弟姐妹，我们的童年非常幸福。大家都喊我们"中国人"，我们有的在教会学校学习，有的在非教会私立学校学习，但所有孩子都继承了中国传统文化中尊重和团结他人的精神。

1959年后，我们家经历了一段艰难时期。当时发生了许多悲伤和痛苦的事情，一些家人不得不离开古巴，但我们从小被灌输的家庭观念还是战胜了分歧。虽然远隔重洋，但家人们始终保持着联系。我有时感觉自己被某种坚不可摧的锁链牢牢拉住，我觉得这是家庭教育留给我们后辈最大的遗产。

我们都是从不断思考中提炼出支撑和滋养我们的思想精华。如今，当我回顾所发生的一切，我要特别感谢母亲的言传身教。母亲是一个坚强、严肃的女人，她很温柔，但从不软弱，她为了维护住我们的家庭付出了巨大的努力，在面对逆境时，表现出巨大勇气。当古巴扬起革命新风时，我母亲成为革命的忠实追随者。在她看来，革命所倡导的忠诚、利他、平等、坚持，正是她父亲当年传递给她的思想。

我妈妈生前一直希望去中国看看，因此当我 2014 年第一次有机会去中国时，我觉得她在用我的眼睛看风景，用我的双脚攀爬长城、登上天坛，通过我领略了她父母的故土——那里是一切的起源。

我在 50 多年前从哈瓦那大学哲学与历史学院历史系本科毕业后就留校任教，主要研究大陆史，同时给历史系本科生和硕士生上课。我后来读了当代史硕士，之后又获得了历史科学博士学位。现在我在历史系担任亚洲通史学科的顾问教授。

研究亚洲问题的人都知道，传统上，对东亚，特别是对中国的研究通常是从意识形态和概念推断的角度入手，从而形成东方特殊性的一般印象。而古巴学者提出，在研究东方国家意识形态表现的同时，也应当关注东方与世界体系的联系，从辩证的角度理解东方的特殊，并承认它特殊性中的多样性和一致性。

我们基于这种思想出版了几本有关中国的书，例如《亚洲通史》教材，里面包含中国从进入现代社会到改革开放初期的历史；还有《亚太与当代世界问题》，里面涉及当代中国发展情况，体现出中国发展过程中的复杂性和多样性。

此外，从 1999 年哈瓦那大学设立古巴华人移民研究课题起，我就被任命为该课题组的负责人，我为自己身为华裔来开展这项工作而感到无比自豪。我们做这个课题的目的是：推动地方、区域和国家层面的多学科研究发展，以设计、制定和执行响应当前国家社会科学研究需求的研究战略，深入探索中国移民历史和现状，并将它作为古巴民族形成和历史文化发展进程中不可或缺的构成部分。

古巴华人移民研究课题的工作内容远远超出学术界范围，课题组还要跟全国不同省市的文化机构和组织交流，组织会谈、讲座、辩论、图书推介、艺术展览等活动。此外，该课题致力于振兴华人社区和华裔团体，并已在奥尔金、谢戈德阿维拉、西恩富戈斯等地取得了较好成果。

我们还在全国范围内组织针对不同年龄段的各类文学比赛，鼓励各行各业的古巴人通过书写或口述他们的经历和回忆、展示具有象征意义的物品等形式参与比赛，同时也邀请华裔权威学者和研究华人文化的权威学者发出他们的参赛作品。

课题组每年会举办数个国内研讨会，此外，从成立以来每半年举行一次国际理论研讨活动。我们的工作在古巴和其他国家的华人群体中获得了好评，并有幸四度在拉丁美洲研究协会（Latin American Studies Association）召开的大会上展示研究成果——这四次大会是2007年在加拿大蒙特利尔，2012年、2013年、2014年分别在美国旧金山、华盛顿、芝加哥召开的。我们还在孔子学院举办的两次大会上分享研究成果，一次在阿根廷拉普拉塔，另一次在西班牙巴塞罗那。另外，古巴最大华人社团组织中华总会馆曾代表本课题组参加2014年在巴拿马召开的世界海外华人研究学会（International Society for the Studies of Chinese Overseas）大会，那次大会聚集了众多海外华人。

课题组还参与制作影片《古巴华人社团过去与现在》，以及由哈瓦那大学和澳大利亚悉尼科技大学合作、英国安德里安·赫恩（Adrian Hearn）教授主编的图书《文化，传统和社群：古巴发展展望》，均由费尔南多·奥尔蒂斯（Fernando Ortiz）高等研究院现代图片出版社发行。此外，曾经的哈瓦那华区促进会的期刊《联合》（*Fraternidad*）

上也发表过我们课题组多名成员的研究成果。

2014年，我受汉办邀请，第一次踏上了先辈的故土。我去了北京，但没能去成广东，现在回想起来仍然感慨万千。我没有想到有生之年自己还能有机会去一次中国，这种喜悦弥补了所有的缺憾。

回到古巴以后，我向很多人谈起过我在北京看到的建筑，我所亲身感受的当地文化。一切都让我眼花缭乱。一直以来，我都在研究中国文化，追踪1949年以来，尤其改革开放以来中国发生的重要变化，可我此前从来没去过那里。因此到了中国，我什么都想去看、去了解。理论和实践的完美结合才能让我理性、真切地理解中国迅猛的发展历程。

我们参观了许多历史文化建筑，在我看来，中国在保留传统的同时，还懂得适应现代化发展，这种古今结合的能力使中国成为世界上文化发展的一个典范。

2018年，我受到中央民族大学张青仁教授邀请再次飞往北京，参加一个国际学术活动并发表了题为《古巴民族中的中国人》的演讲。那一次，中国大学的学术水平之高使我深有感触。我还和一起参加活动的西班牙、阿根廷、委内瑞拉、秘鲁、巴西等国家涉华研究机构的学者分享观点。当时古巴驻华记者阿韦尔·罗萨莱斯（Abel Rosales）采访了我，我在采访中讲述了自己在中国的美妙体验和对中国文化的着迷。

我的个人经历以及双边教育和文化交流是古中两国兄弟般情谊纽带的缩影。未来，还有许多美好篇章等着我们书写，还有更广阔的道路等着我们开拓。

学中医，也学做人

卡桑德拉·西西利亚·蒙蒂亚努·法哈多（中文名：琪丽姐，北京中医药大学硕士毕业生）

中国文化通常被认为是神秘甚至让人捉摸不透的。有人认为，当今中国的发展趋势和当年的西方一样，然而，中国千年传统文化已流传至今，只要稍稍走近这样一个历史文化大国，就会产生完全不同的感受。

我在北京生活了11年，我觉得自己是这座城市中的一员。北京将现代化发展和古老风情奇妙结合，展现着自己的雅致和华丽，体现出强大的力量。

我19岁去北京，去时心里很伤感，因为要远离我的家人，我的国家，还有我的朋友们，这些都是我生活的起点。来到北京后，眼前高楼林立的景象，还有浩瀚的历史文化，让我觉得十分陌生。我甚至害羞得不敢说英文——英文是我在外闯荡时表达自我的技能。

我去北京是因为对中医很感兴趣。为了学中医，我进入了一个充满挑战和未知的世界。学习汉语以及深植于中医知识和理论的中国哲学成为我的主要目标，而这个学习过程不仅教我成为更好的自己，还帮助我逐渐理解中国。就这样，中国从陌生变得熟悉，从一个遥远的国度变成了我生命中的重要部分。

我在中国的这些年里经历了许多难忘时刻，每个时刻对我来说都是人生的一课。我每天都面对学业的挑战，一度怀疑自己能否坚持下去。但正是经历了这些彷徨，我对责任、牺牲、毅力、自律等品质有了更深

卡桑德拉·西西利亚·蒙蒂亚努·法哈多（琪丽妲）。

的理解，而这些品质在我们实现梦想的道路上发挥着不可或缺的作用。

在诸多回忆中，有一件事让我记忆犹新。当时，我在为硕士论文做临床研究，在北京东方医院出诊，我的一位病人看完病后，一直等到大家都快走完，然后用中国传统乐器葫芦丝现场为我演奏了一段旋律美妙的乐曲，向我表达谢意。我当时非常意外，心里很受感动，即便如今想来，依然动容。我当时觉得，这位病人通过一种充满历史感和传统感的方式表达了他的情感。

我在北京攻读中医学的学士和硕士，在业余时间经常去一所学校看一位朋友，她在那里当英文教师。慢慢地，我开始辅助她做些事，也开始跟学校里的孩子们交流，其中有个英文名叫凯文（Kevin）的男孩特别喜欢跟我练英文，我们逐渐建立起特殊的友谊，凯文经常关心我，有时还让他妈妈开车送我回家，这样就可以一路上跟我一起玩耍、聊天。我后来再没见过凯文，但每当想到他，总觉得特别亲切。

中国传统乐曲具有鲜明的特征，传统服饰丰富多样，服饰上的细节精巧迷人。有一回，我有幸穿着传统服饰，表演了传统乐曲合唱，这个节目还登上了中国电视舞台。演出经历本身令我十分难忘，但学习唱歌和表演的过程让我花了许多功夫。中国歌曲的歌词和旋律非常独特，可能跟中国文化和中国人的生活经验有关。

爬长城是我另一个终生难忘的经历，每次想起都觉得愉快。在长城上看到的壮观风景和由之产生的平和心境一直印刻在我的记忆中，虽然我知道，长城的修建与一个国家对抗自然灾害、抵御外敌的历史相关。恶劣的气候，强大的意志，在这里留下了不可磨灭的印记，也让我在日常生活中回忆过去时一次次想起。

我通过所有这些经历不断走近中国、走近中国人。我学习和吸收中国的千年文化，也从中国人身上理解了什么是同理心、宽容、接纳、谦虚，以及如何从每一次经历中学到新的事物。中国走进了我的生活，并永远留在我的生命中。

讲述这些经历都不足以表达我对中国的深厚情感。我在中国看到了在庄严、传统和现代之间迸发出的热忱，那种热忱激发了人们在挑战和展望中对文化身份的尊重。对我来说，中国是我作为"人"成长的舞台，我在那里学会了保持好奇心和本真。我的成长归功于中国，我从中国收获良多，我把中国对我性格的影响和自己作为加勒比人的天性结合在了一起，成就了今天的我。

后 记

经过多方的不懈努力，我们克服了许多困难，特别是疫情的严重干扰，终于将《中国与古巴的故事》呈现在关注、关心、关爱两国友谊的众多读者面前。我确确实实松了一口气，放下了久悬的心。

凑巧和幸运的是，就在此书完稿后不久，我和参与此书组稿、审校工作的蔡维泉、马大乔，有幸面见到古巴政府的领导人之一卡布里萨斯副总理兼外贸外资部长。他还是古巴对华关系多年的牵头人，是中国的老朋友，非常了解中国。我们向他，以及古巴新任驻华大使白诗德，当面报告了本书编辑、出版的相关情况，得到了他们的高度赞赏。他们表示予以全力支持。无疑，这对我们，以及本书的编辑、出版，都是一件大好事，大喜讯。

还想透露给大家的是，我在家里将这本书即将问世的消息告诉了我的两个孙女。她们都是哈瓦那大学的毕业生，在古巴分别生活过四年许，对这个国家以及中古两国悠久友谊多有了解，也都怀有深厚的感情，经常念念不忘，讲述她们与古巴的故事。她们对于此书的编辑出版喜形于色，大加赞赏，让我感受到另一种激励和鞭策。

借此机会，我特别要感谢五洲传播出版社、两位副主编以及各位参与此书工作的人员，是他们的坚持、耐心和细致，让我们有了这样一份十分珍贵的史料。

我为能参与并完成这样一件意义重大的事项而高兴、骄傲。

因为此书当然需要臻善臻美，切盼各方的评说和批评指正。

徐贻聪
2023 年 10 月 31 日于北京